INDICES VERBORUM
ZUM ALTDEUTSCHEN SCHRIFTTUM

herausgegeben

von

Robert R. Anderson
und
Ulrich Goebel

Bd. II

RODOPI N.V.
AMSTERDAM 1975

WORTINDEX UND REIMREGISTER ZUM

Moriz von Craûn

bearbeitet
von

Robert R. Anderson

RODOPI N.V.
AMSTERDAM 1975

© Editions Rodopi N.V.
Printed in the Netherlands
ISBN: 90-6203-457-8
Library of Congress Catalog Card Number: 74-75142

Vorwort

Dieser Wortindex und Reimregister zum *Moriz von Craûn* beruht auf einem von Ulrich Pretzel herausgegebenen normalisierten mittelhochdeutschen Text, der jedem leicht zugänglich ist: (Altdeutsche Textbibliothek 45. Tübingen: Max Niemeyer, 3. Aufl. 1966).

In Pretzels Ausgabe, zu der dieser Wortindex als Begleitbändchen gedacht ist, hat man den zusätzlichen Vorteil, auch die textliche Überlieferung des Schreibers, Hans Rieds, zum Vergleich vor Augen zu haben, denn die erarbeitete Normalisierung wird einem diplomatischen Abdruck der Riedschen Überlieferung gegenübergestellt.

Im vorliegenden Wortindex zum *Craûn* sind alle Wörter, auch die gebeugten Formen eines Wortes, die im bearbeiteten normalisierten Text vorkommen, erfaßt und alphabetisch angeordnet. Nach jedem glossierten Wort stehen die statistischen Daten: unmittelbar hinter jedem Wort erscheint (in Klammern) eine Häufigkeitszahl. Darauf folgen dann die einzelnen Belegstellen des Wortes, die sich jeweils auf Seite und Zeile des zu Grunde gelegten normalisierten Textes beziehen. Diese Anordnungsmethode gilt auch für das Reimregister, in dem alle im Text auf einander gereimten Wörter verzeichnet sind.

In dem 1955 geschriebenen Vorwort zur 1. Auflage seiner Textausgabe, bedauerte Pretzel den für ihn damals notwendigen Verzicht auf ein umfassendes Wörterverzeichnis und Reimregister zu dem *Craûn*. Möge diese Bearbeitung des Wortschatzes dieser einzigartigen mittelhochdeutschen Versnovelle jene Lücke schliessen und uns dem "Ideal der Vollständigkeit" schon einen Schritt näher bringen.

Amsterdam   R. Anderson
Dezember, 1974

A

ab (1)	73.06				
abe (7)	21.10	31.15	45.18	47.30	51.01
	71.20	97.01			
âbent (1)	69.21				
aber (23)	13.17	27.20	27.24	31.30	35.20
	37.28	39.11	41.10	61.17	65.35
	67.12	67.31	77.29	79.07	83.35
	89.04	93.05	93.26	95.16	95.17
	103.05	105.17	107.14		
adamas (1)	95.28				
affest (1)	97.03				
after (1)	15.27				
ahte (2)	47.11	71.09			
ähte (2)	65.24	79.35			
ahten (1)	67.18				
al (8)	13.15	19.27	21.24	27.03	63.30
	69.15	79.14	105.28		
albesunder (1)	63.23				
Alexander (1)	15.30				
alfurt (1)	75.33				
alle (18)	11.18	21.02	21.14	21.31	23.18
	31.31	33.11	49.06	51.09	55.06
	57.16	63.10	65.26	89.08	97.29
	101.10	105.10	107.11		
allen (11)	15.05	17.12	25.25	27.14	33.25
	37.23	49.07	69.18	79.03	85.12
	111.28				
allensamet (1)	49.02				
allenthalben (2)	41.28	79.28			
allenthalp (1)	91.23				
aller (13)	13.16	13.20	25.11	27.10	53.17
	57.24	65.09	65.18	69.01	75.03
	77.30	89.15	93.23		
allerêrest (2)	51.13	57.28			

allerêrste–alumbe

allerêrste (1)	91.33				
allertegelich (1)	15.25				
alles (2)	27.27	35.34			
allez (8)	19.03	19.12	27.02	31.03	43.24
	59.15	61.12	69.03		
allezsamet (1)	51.05				
alp (1)	91.24				
alrêrste (1)	11.10				
als (14)	23.23	23.31	27.16	41.06	49.16
	75.03	79.13	81.12	89.11	95.08
	95.14	95.28	97.31	107.32	
alsâ (1)	45.11				
alsam (2)	39.05	65.25			
alsame (3)	47.26	67.18	111.32		
alse (58)	13.11	17.28	19.09	21.08	23.10
	29.06	29.16	31.13	31.27	37.06
	39.20	39.24	43.32	47.06	47.16
	53.09	53.19	55.08	57.07	59.03
	59.12	61.01	65.16	65.21	67.09
	67.26	67.31	69.10	69.14	71.03
	73.07	73.12	73.25	73.27	75.29
	79.05	79.33	81.09	81.27	83.06
	83.23	87.23	89.03	91.01	91.24
	91.30	95.23	97.01	97.07	97.08
	97.15	99.03	99.07	101.12	103.26
	109.06	111.02	111.16		
alsô (22)	15.18	21.34	23.26	35.12	35.20
	43.17	43.25	45.06	53.04	53.24
	57.33	69.09	81.23	81.29	85.14
	87.04	87.25	93.11	97.32	103.13
	103.32	107.35			
alsus (1)	75.07				
alt (1)	15.23				
alte (1)	89.09				
alters (1)	15.24				
alterseine (1)	71.32				
alumbe (2)	47.20	75.30			

alze–anestôzen

alze (1)	87.19				
alzehant (1)	17.10				
alzöges (1)	53.14				
âmaht (1)	101.11				
an (83)	11.06	13.12	13.33	17.03	17.04
	17.25	17.34	19.20	19.23	21.01
	21.16	23.09	23.13	23.23	25.19
	25.26	27.03	29.04	29.24	29.29
	29.33	31.19	33.15	33.18	35.07
	35.11	37.24	39.03	41.08	43.06
	45.20	45.25	45.29	47.20	49.04
	49.08	49.25	51.19	53.07	53.11
	53.32	55.02	55.08	55.10	55.23
	57.28	61.04	61.22	65.02	65.18
	69.06	71.24	71.31	73.22	75.10
	77.16	77.18	79.03	83.20	85.19
	85.30	87.21	89.18	95.04	97.24
	97.35	99.20	101.09	101.16	101.20
	103.25	107.01	107.05	107.12	107.21
	107.23	109.02	109.09	109.34	111.22
	111.25	111.26	111.31		
ander (3)	25.17	31.08	31.16		
anderen (1)	67.12				
andern (4)	51.16	51.25	59.22	71.03	
anders (2)	41.26	49.35			
anderswâ (1)	25.23				
anderz (3)	65.17	67.30	67.31		
ane (16)	13.11	17.11	21.27	41.06	49.15
	53.08	59.11	69.25	69.32	75.02
	77.13	79.28	81.24	95.23	105.24
	107.16				
âne (21)	13.25	15.01	15.32	17.02	17.28
	19.32	21.25	29.22	33.12	37.03
	37.23	43.08	47.05	57.11	63.22
	65.23	71.16	87.11	89.34	103.29
	111.14				
anebrîsen (1)	57.35				
anestê (1)	85.31				
anestôzen (1)	23.12				

anker–bedenket

anker (2)	49.21	61.22			
antlitze (1)	75.06				
antwurt (1)	103.06				
antwurte (1)	19.25				
ar (1)	67.09				
arbeit (6)	13.03	27.23	35.11	45.30	83.21
	105.15				
armen (2)	93.26	103.09			
arn (4)	23.28	43.20	45.27	111.34	
arzât (2)	19.25	43.02			
arzâte (2)	19.18	21.05			
âzen (1)	57.20				

B

bal (1)	69.14				
balde (2)	65.28	107.08			
baldez (1)	25.05				
balt (1)	33.02				
banecten (1)	77.27				
baneken (1)	109.18				
baniere (1)	51.20				
bant (5)	49.15	51.19	57.32	59.05	65.12
barn (1)	91.11				
bat (7)	23.10	45.08	59.24	63.17	65.26
	71.19	73.17			
bæte (1)	71.35				
baz (18)	25.12	25.23	27.07	29.04	31.30
	37.19	39.32	41.02	69.31	77.22
	79.10	83.14	83.28	83.30	87.13
	89.23	105.20	113.05		
Bêamunt (1)	25.29				
bedâht (1)	35.21				
bedenket (1)	41.02				

began (4)	11.07	19.34	27.31	61.32	
begân (1)	103.02				
begât (1)	85.21				
begienc (2)	21.26	23.15			
beginne (1)	111.30				
beginnet (2)	15.16	31.05			
begreif (2)	71.08	103.09			
begunde (10)	19.30	21.03	25.02	35.08	67.28
	79.24	89.30	97.12	103.10	107.06
begunnen (1)	17.09				
behabete (1)	61.23				
beide (10)	17.31	27.23	45.30	53.30	63.03
	73.28	91.12	99.05	101.24	111.08
beiden (1)	69.11				
beidenthalben (1)	23.19				
beidenthalp (1)	61.31				
beine (2)	71.31	99.20			
beite (1)	97.14				
beiten (1)	59.24				
bekande (1)	99.33				
bekant (3)	25.16	85.24	91.33		
bekêre (1)	31.20				
bekomen (2)	87.10	99.28			
beledet (1)	31.01				
beleip (1)	17.13				
belge (1)	75.32				
belîben (3)	13.06	33.23	37.22		
benæme (1)	81.21				
benomen (3)	83.33	87.09	101.23		
bequan (1)	11.08				
berc (1)	61.20				
bereit (5)	25.34	47.10	51.04	83.22	109.14
bereite (1)	47.02				

beriete—bîhte

beriete (1)	55.33				
beroubet (1)	23.31				
besande (1)	21.31				
besâzen (1)	11.15				
bescheiden (1)	85.33				
bescheinde (1)	63.05				
beschiezen (1)	47.18				
beslahen (1)	49.12				
beste (4)	17.24	33.28	37.01	65.09	
besten (1)	89.07				
besunder (1)	15.08				
betaget (1)	101.33				
bete (4)	19.27	69.03	89.17	93.32	
betrâgete (1)	103.08				
bette (6)	73.32 101.14	75.17	77.07	95.11	101.13
betwanc (1)	15.31				
bevelhen (1)	63.29				
bevienc (2)	49.02	59.08			
bewant (1)	85.25				
bewar (1)	81.24				
beware (2)	29.14	89.23			
bewaren (1)	87.26				
bewarn (2)	33.20	83.28			
bewarte (2)	57.33	77.03			
beziugen (1)	75.15				
bezzer (4)	35.26	75.23	77.07	107.03	
bezzerte (1)	17.12				
bî (13)	27.33 63.19 77.23	31.28 65.29 95.18	33.23 71.04 99.27	49.16 73.09	61.05 73.32
biderbe (1)	15.30				
bîhte	87.31				

bin (13)	35.21	37.02	37.06	37.27	41.17
	41.23	43.07	43.17	43.22	83.22
	89.03	95.17	111.27		
binnen (1)	73.29				
binz (1)	105.27				
bist (1)	45.03				
bistû (1)	109.27				
bit (1)	89.23				
bite (1)	31.26				
biten (2)	31.20	95.18			
bîten (1)	35.06				
bittet (1)	93.22				
biz (8)	25.01	29.28	37.17	77.14	81.14
	89.20	97.14	101.33		
blanc (1)	51.25				
blanken (1)	69.06				
bleiche (1)	41.09				
blicke (1)	13.27				
blicte (1)	99.10				
bliesen (2)	59.29	59.33			
blôz (3)	15.20	75.18	89.28		
blüete (1)	107.19				
bluot (1)	97.33				
bluotec (1)	99.17				
bluoten (1)	107.11				
bogen (1)	77.15				
borte (1)	47.21				
bœse (1)	21.22				
bœsen (2)	31.26	33.24			
bœsez (1)	79.08				
bôsheit (1)	15.33				
bœsiu (1)	33.30				
bote (2)	73.03	95.17			

boten — busûnen

boten (1)	19.17				
boumgarten (1)	73.14				
brâht (1)	35.22				
brâhte (5)	39.03	51.29	59.21	65.20	69.20
bran (1)	97.28				
brân (1)	97.35				
Brandân (1)	61.15				
breit (3)	55.18	69.28	75.30		
breitet (1)	15.26				
brennet (1)	29.11				
briet (1)	57.19				
brimme (1)	107.10				
bringe (1)	29.28				
bringen (1)	49.31				
briute (1)	53.19				
brünne (1)	57.07				
brunnen (1)	55.03				
bruoder (1)	11.22				
brüste (1)	21.23				
brûtlouft (1)	87.35				
bû (1)	47.27				
büezen (1)	23.02				
buggeran (1)	57.29				
bühel (1)	59.23				
büne (1)	47.22				
bünen (1)	47.18				
buochen (1)	11.06				
burc (6)	53.32 63.12	55.06	57.05	61.04	61.33
burcmûren (2)	59.27	107.28			
bürde (1)	19.31				
burgære (1)	13.33				
busûnen (1)	59.33				

C

Cassandrâ (1)	75.22		
Cêsar (1)	17.16		
Craûn (3)	25.33	45.32	57.26

D

dâ (84)	11.10	11.12	11.16	13.08	13.10
	13.22	13.24	13.29	13.30	13.35
	15.15	15.19	21.29	23.35	25.16
	25.21	25.22	25.24	27.19	27.28
	31.21	31.25	33.29	37.08	43.02
	45.22	47.21	47.23	49.01	51.20
	51.34	53.03	53.20	53.33	55.03
	55.26	55.31	55.34	55.35	57.07
	57.10	59.24	61.06	61.23	61.28
	63.14	63.19	65.10	65.19	65.31
	67.14	67.22	67.32	69.18	71.04
	71.14	71.29	73.15	73.23	73.32
	75.21	75.26	75.28	77.01	77.05
	77.12	81.31	81.35	87.05	87.20
	93.30	95.11	97.29	99.01	99.05
	99.34	101.07	101.32	103.14	105.01
	107.28	109.22	111.20	111.23	
dach (1)	65.05				
dâhte (1)	37.24				
dan (5)	69.31	79.10	99.32	101.17	107.04
danc (1)	15.32				
danken (1)	69.07				
danne (16)	25.14	25.23	29.05	31.07	37.20
	41.04	43.27	51.32	83.15	83.24
	85.35	87.28	105.01	105.19	105.21
	105.35				
dannen (1)	97.11				
dannoch (2)	59.11	71.29			
dar (59)	17.11	17.15	17.25	19.23	21.10
	21.17	29.28	31.35	41.05	43.09

	47.26	49.03	49.22	49.34	51.14
	51.29	51.35	53.02	53.27	55.04
	55.21	55.28	55.30	55.32	57.21
	59.06	59.07	59.34	61.10	65.20
	67.06	67.11	67.17	69.20	69.29
	69.33	73.03	73.08	73.21	73.28
	73.31	75.04	75.06	75.10	75.21
	77.04	81.06	83.08	87.24	87.34
	89.33	93.07	97.22	99.12	101.05
	105.15	107.30	109.18	111.35	
daran (3)	39.04	65.08	65.11		
dare (2)	63.16	71.33			
Dares (1)	13.08				
darîn (1)	79.09				
darumbe (1)	47.25				
darunde (1)	59.09				
darunder (2)	73.03	107.17			
darzuo (1)	101.20				
daz (280)	11.04	11.09	11.28	13.05	13.27
	15.08	15.12	15.14	15.20	15.23
	15.32	17.19	17.21	17.24(2)	19.04(2)
	19.21	19.28	21.03	21.04	21.06
	21.09	21.19	21.21	21.28	21.35
	23.01	23.05	23.15	23.20	25.08
	25.28	27.20	27.25	27.29	27.31
	29.01	29.07	29.11	29.12	29.16
	29.17	29.18	29.22	29.26	29.29
	29.32	31.03	31.09(2)	31.12	31.13
	31.19	31.20	31.24	31.34	33.01
	33.09	33.11	33.18	33.21	35.08
	35.13	35.24	35.28	37.04	37.18
	37.25	37.30	39.02	39.15	39.22
	39.23	39.28	39.30	41.01	41.03
	41.15	41.24	43.07	43.26	43.29
	43.31	45.10	45.22	47.05	47.07
	47.12	47.17	47.24(2)	47.29	49.09
	49.15	49.16	49.20	49.23	49.28
	51.04	51.11	51.17	51.21	51.27
	51.30	53.01	53.02	53.10	53.11
	53.12	53.29	53.32	55.12	55.15
	55.17	55.29	57.05	57.14	57.16

dazs–deheinen

57.18	57.22	59.09	59.16	59.19
59.20	61.13	61.18	61.20	61.23
61.24	61.26	61.28	63.07	63.11
63.14	63.15	63.20	63.25	65.01
65.05	65.19	65.23	65.28	67.21
67.24	67.34	69.08	69.17	69.29(2)
71.01	71.07(2)	71.09	71.16	71.35
73.09	73.10	73.25	73.26	73.27
73.33	75.05	75.06	75.08	75.32(2)
75.33	75.35	77.02	77.07	77.09
77.14	77.17	79.18	79.20	79.22
79.24	79.25	79.27	79.32	81.04
81.12	81.18	81.24	81.33	83.04
83.13	83.17	83.20	83.27	83.35
85.03	85.08	85.09	85.13	85.22
85.26	85.29	85.31	85.34	87.09
87.14	87.16	87.18	87.31	89.05
89.06	89.14	89.17	89.19	89.21
89.23	89.24	89.28	89.32	91.06
91.19	91.28	91.29	91.31	93.06
93.09	93.13	93.17	93.20	93.24
93.28	93.33	95.11	95.12	95.20
95.24	95.30	97.19	97.29	97.33(2)
99.10	99.13	99.26	99.29	99.30
99.35	101.01	101.10	101.17	101.19
101.28	103.04	103.12	103.18	103.24
105.07	105.09	105.13	105.29	105.30
105.31	105.32	107.18	109.02	109.11
109.12	109.16	109.22	109.29(2)	109.30
109.33	111.05	111.09	111.13	111.18
111.21	111.23	111.31	111.32	113.04(2)

dazs (1)	105.11				
dazz (2)	45.11	45.18			
decke (1)	75.18				
deckelachen (2)	75.25	101.17			
deckelachens (1)	95.12				
dehein (9)	25.12	41.13	45.02	69.08	71.15
	75.24	101.04	103.06	111.10	
deheine (4)	25.30	73.02	89.16	109.27	
deheinem (1)	21.16				
deheinen (1)	45.12				

deheiner—der

deheiner (1)	33.10				
deheines (1)	87.28				
deich (3)	37.02	37.13	39.31		
Deiphobus (1)	11.21				
deist (3)	25.24	33.06	43.10		
dem (45)	13.12(2)	17.25	17.29	19.33	21.01
	21.05	21.06	27.20	29.02	29.13
	29.31	49.13	51.22	53.11	53.26
	55.35	57.26	61.19	63.35	65.02
	65.27	67.18	69.24	71.03(2)	71.04
	71.10	71.11	71.31	73.34	77.08
	77.11	85.17	87.22	95.18	99.06
	99.20	103.28	105.34	107.07	107.16
	109.03	109.15	111.07		
den (83)	11.06	11.10	11.24	11.27	15.04
	15.14	15.17	15.31	17.05	17.27
	17.34	19.24	21.24	21.32	23.23
	25.21	27.14	29.04	31.06(2)	31.24
	33.23	33.32	35.01	39.21	43.11
	43.14	43.16	45.10	45.35	49.09
	49.11(2)	51.16	51.33	53.05	53.07
	55.07	55.10	55.23	55.30	59.05
	59.26	61.20	61.22	65.04	65.12
	65.13	67.05	67.07	67.12	67.13
	67.14	67.15	67.16	67.17	67.19
	67.20	67.21	67.34	69.10	69.18
	69.26	71.06	71.08	71.21	73.21
	75.16	77.26	79.14	83.05	83.10
	89.31	95.26	99.21	99.31	99.33
	101.01	103.09	103.29	105.21	107.33
	111.16				
denkende (1)	19.12				
denne (1)	77.29				
der (160)	11.11	11.25	13.01	13.08	13.09
	15.09	15.16	15.18	15.24	15.30
	17.17	17.27	17.30	17.32	19.01
	19.02	19.16	19.25	19.30	21.07
	21.26	23.09	23.10	23.32	25.25
	25.29	25.32	25.34	27.21	27.22
	27.34	29.11	29.13	29.20	29.27
	31.04	31.08	31.17	33.04	33.12

ders—dicker

	33.24	33.26	33.28	35.02	35.03
	35.04	35.17	35.30	35.35	37.01
	37.21	37.31	39.06	39.07	43.06
	43.20	45.18	47.02	47.19	49.03
	49.29	51.15	51.17	51.18	51.19
	53.05	53.06	53.13	53.32	55.03
	55.06	55.16	55.30	55.33	57.05
	57.12	57.17	57.27	59.08	59.21
	59.27	59.31	61.04	61.05	61.17
	61.30(2)	61.33(2)	63.05	63.12	63.15
	63.16	63.17	63.25	65.29	67.02
	67.32	67.33	69.03	69.12	69.21
	69.33	71.06	71.08	71.09	71.17
	71.19(2)	71.28	73.13	75.34	77.17
	77.23(2)	79.07	79.29	79.34	81.01
	85.05	85.23	87.06	87.12	87.19
	87.23	89.09	89.19	89.28	91.02
	93.02	93.12	95.19	95.27	97.33
	99.02	99.03	99.08	99.18	99.22
	99.27	99.34	101.06	101.12	101.23
	101.26	101.33	103.11	103.15	105.22
	107.02	107.04	107.05	107.12	107.15
	107.22	109.05	109.35	111.01	111.18
	111.31				
ders (1)	89.08				
des (60)	13.10	15.19	15.33	19.07	19.15
	19.23	19.25	19.26	21.18	23.04
	23.29	25.07	27.07	27.12	29.20
	33.03	35.09	35.19	35.21	39.25
	43.04	43.06	43.13	43.30	45.02
	47.08	57.02	57.12	57.13	57.17
	63.03	63.10	63.21	69.12	69.28
	71.22	71.23	73.02	73.11	79.02
	79.21	81.33	81.34	83.07	83.16
	85.01	87.26	89.07	91.14	91.22
	95.09	101.04	101.27	103.08	103.24
	105.22	105.26	109.15	109.32	111.02
deste (1)	37.27				
dich (2)	45.07	97.03			
dicke (11)	11.01	11.25	13.26	27.16	27.22
	31.11	33.32	39.02	43.11	99.09
	107.32				
dicker (2)	27.08	103.33			

Dîdô (1)	77.03				
die (107)	11.18	11.23	11.24	11.28	13.09
	13.13	13.15	13.22	13.27	13.30
	13.33	15.02	17.08	17.22	21.23
	21.30	21.33	23.09	23.14	23.17
	23.18	23.19	25.04	25.27	27.05
	27.18	31.26	31.27	31.29	35.07
	37.12	37.15	39.03	41.15	45.09
	45.34	47.22	49.01	49.04	49.06
	49.26	49.27	49.28	49.33	51.34
	53.14	53.16	53.18	53.22	53.29
	55.10	55.21	55.23	55.25	57.01
	57.13	57.15	59.06	59.08	59.10
	59.13	59.17	61.24	63.12	63.30
	65.26	67.02	69.06	69.30	71.24
	71.25	71.28	71.30	71.33	73.19
	73.23	75.07	75.19	75.27	75.31
	75.32	83.12	83.18	85.04	85.16
	85.33	87.29	95.04	95.05(2)	95.06
	95.07	95.13	97.24	97.27	97.35
	101.10	105.09	105.16	105.27	105.28
	105.30	107.10(2)	107.28	109.31	113.01
diebe (1)	43.34				
dieben (1)	31.06				
diende (2)	25.28	33.26			
dienden (1)	17.19				
diene (2)	33.28	37.16			
dienen (1)	35.02				
dienent (1)	25.20				
dienest (3)	35.22	85.12	93.01		
dienet (1)	33.27				
dienst (2)	39.23	43.35			
dienste (2)	33.16	105.18			
dienstes (1)	25.34				
diete (2)	55.34	69.01			
diln (1)	51.33				
dîn (3)	45.03	85.09	85.12		
dinc (6)	27.15	29.25	31.16	45.06	49.20
	93.16				

15   dîne—dô

dîne (2)	19.22	19.27			
dînem (1)	111.12				
dînen (1)	97.04				
dîner (1)	85.02				
dinge (1)	27.10				
dingen (5)	23.33	27.03	49.30	77.30	89.31
dir (4)	19.23	45.14	85.14	95.30	
dirre (1)	101.20				
dise (4)	59.31	85.21	103.25	111.33	
disem (3)	77.22	83.20	85.26		
disen (11)	25.09	29.06	33.05	41.05	43.05
	45.34	49.08	87.30	103.31	111.07
	111.20				
diser (1)	83.15				
disiu (1)	17.22				
ditz (15)	39.27	49.26	51.01	51.26	59.15
	75.12	79.10	85.24	85.28	101.08
	101.12	101.14	107.05	107.20	111.26
ditze (4)	67.32	77.33	93.33	97.10	
diu (83)	15.22	17.01	17.06	17.07	17.12
	17.19	17.32	19.01	19.14	19.33
	21.15	25.02	25.15	27.31	31.05
	31.18	33.34	35.18	35.25	37.08
	41.10	41.32	43.21	43.22	45.04
	45.21	49.29	51.13	51.23	51.25
	51.31	51.35	57.20	57.27	59.22
	61.09	61.11	61.12	65.09	65.11
	67.25	73.12	73.17	73.21	75.03
	75.14	75.18	77.04	77.31	79.11
	81.11	81.23	83.01	83.03	83.07
	83.11	85.26	85.35	87.11	87.15
	89.03	89.04	89.11	89.26	91.10
	95.01	95.35	97.10	97.15	97.34
	99.26	105.27	105.32	107.07	107.17
	107.26	107.34	109.04	109.17	109.25
	111.11	111.28	111.34		
dô (108)	11.14	13.17	13.18	15.03	15.05
	15.19	15.20	17.03	17.14	17.15
	19.16	19.30	19.33	19.35	21.02

doch—durch

	21.05	21.08	21.14	21.30	21.31
	23.08	23.12	23.27	25.08	25.10
	27.06	27.16	35.20	41.07	43.21
	45.15	51.04	51.05	53.12	53.13
	53.18	55.05	57.02	57.03	57.12
	57.16	57.20	57.23	57.26	57.28
	57.30	59.15	59.16	59.25	61.24
	61.32	63.01	63.03	63.09	63.23
	63.33	63.35	65.03	67.04	67.08
	69.02	69.04	69.06	69.21	69.22
	69.28	71.02	71.17	71.18	71.23
	71.24	71.30	73.04	77.13	77.27
	79.11	79.29	81.26	83.01	83.04
	83.11	83.35	87.15	89.04	89.26
	91.02	91.10	91.24	91.27	91.30
	95.01	95.14	97.09	97.12	97.16
	99.22	101.08	103.08	105.02	105.05
	105.23	107.06	107.13	107.24	107.27
	109.04	109.25	109.32		
doch (9)	15.24	35.06	35.31	41.31	79.32
	87.07	89.14	95.08	109.33	
dol (2)	105.13	105.14			
dort (2)	61.13	81.05			
dôz (1)	59.34				
drâte (5)	19.17	57.23	91.20	97.26	103.17
drî (2)	71.03	87.33			
drîer (1)	95.22				
dritten (2)	67.13	71.03			
driu (2)	51.15	87.02			
drîzec (1)	87.34				
drouwen (1)	37.10				
ducte (2)	77.18	97.24			
dû (11)	19.20	19.24	45.03	45.13	85.07
	85.11	95.15	95.16	97.02(2)	97.03
dûhte (1)	79.10				
dunket (1)	79.02				
durch (48)	11.15	15.12	21.22	23.17	23.25
	25.05	25.18	27.14	31.09	31.28
	31.33	33.07	33.09	33.16	33.21

durchsehen—ein

	37.15	43.33	43.35	45.05	45.06
	45.31	47.07	47.22	51.27	53.15
	53.16	53.25	61.16	63.07	63.11
	67.35(2)	69.03	69.13	69.24	69.25
	81.02	81.10	85.35	87.01	87.30
	91.31	93.16	93.23	93.27	93.33
	107.27	109.18			
durchsehen (1)	13.28				
durchslagen (1)	99.16				
durchstochen (1)	99.16				
durst (1)	55.30				

E

ê (14)	23.07	33.09	39.13	39.20	41.04
	41.12	43.27	47.10	51.03	77.03
	81.19	83.03	105.01	109.31	
Ector (3)	11.20	13.15	13.17		
Ectorn (1)	15.03				
edelem (1)	73.30				
eime (2)	31.12	49.16			
ein (126)	11.15	13.29	15.08	15.23	17.01
	17.28	19.02	19.09	19.28(2)	19.31
	21.11	23.31	25.24	27.32	29.05
	29.06	29.16	31.11	31.13	31.16
	31.17	31.19	33.01	33.09	35.01
	35.31	37.18	37.19	39.10	39.24
	39.27	39.29	41.31	43.10	45.06
	45.15	45.16	47.03	47.14	47.16
	47.25	47.27	47.28	49.20	49.24
	49.32	51.10	51.14	51.20	51.26
	53.01	53.06	53.09	53.31	53.33
	55.08	55.16	55.26	55.27	55.28
	57.01	57.06	57.07	57.19	57.29
	59.03	59.04	59.12	59.18	63.24
	63.26	63.31	65.06	65.19	65.21
	65.30	67.01	67.03	67.04	67.06
	67.09	67.26	67.27	67.30	67.31
	69.14	71.18	73.03	73.16	73.25
	73.27	73.32	75.21	75.25	75.28

einander—endes

	75.29	75.34	79.34	81.10	83.13
	83.17	83.23	83.24	85.03	85.28
	85.29	87.23	87.31	91.16	91.24
	93.09	93.16	93.28	95.25	95.28
	95.35	97.28	99.03	99.07	101.09
	101.19	101.31	103.17	107.29	107.31
einander (1)	15.29				
eine (9)	33.25	35.10	65.23	65.32	73.18
	73.31	79.32	99.19	107.30	
einem (13)	19.13	19.35	31.02	45.17	55.03
	61.04	71.02	71.05	73.14	77.06
	97.28	107.23	109.13		
einen (21)	17.20	19.11	19.17	23.11	23.25
	29.31	31.07	45.09	45.20	47.33
	57.31	59.07	59.12	59.23	63.02
	67.11	71.31	73.04	79.20	89.27
	105.17				
einer (5)	25.26	53.19	55.02	63.13	75.30
eines (4)	39.19	45.10	51.28	79.09	
eins (1)	35.10				
Elênus (1)	11.21				
ellen (1)	25.05				
elliu (7)	17.18	37.15	51.18	51.25	69.05
	95.20	103.26			
eln (1)	71.02				
empfangen (1)	55.24				
empfienc (1)	17.17				
empfolhen (1)	45.26				
enbære (1)	81.05				
enbor (2)	55.04	57.01			
enbôt (1)	73.09				
enbrast (1)	51.17				
ende (6)	15.09	21.16	39.10	73.22	77.18
	111.25				
endelîche (2)	23.05	39.17			
enden (1)	19.08				
endes (1)	49.35				

endet (1)	31.03				
Ênêas (1)	13.21				
enein (1)	57.13				
enez (1)	61.13				
engab (1)	103.06				
engalt (1)	15.24				
enist (2)	49.29	101.04			
enkan (2)	41.30	75.09			
enkunden (1)	57.05				
enliez (1)	89.09				
enmac (2)	41.30	99.08			
enmitten (5)	61.10	67.14	73.32	75.05	75.16
enmohte (2)	19.07	107.24			
enmüezen (1)	89.10				
enpfân (1)	35.18				
enpfant (1)	95.14				
ensamet (1)	49.13				
enschaffe (1)	23.01				
ensî (2)	99.30	105.29			
ensîn (1)	29.23				
enspreche (1)	97.21				
enstricte (1)	71.30				
Entecrist (1)	61.17				
entwachen (1)	81.18				
entwâpende (1)	63.09				
entwelte (1)	71.26				
entwenken (1)	35.32				
entwerte (1)	71.23				
entwîche (1)	103.04				
entwichen (1)	69.22				
envüege (1)	111.04				
enwas (2)	27.06	55.31			
enwelle (1)	39.08				

enwil—er

enwil (1)	39.11				
enwiste (1)	101.20				
enwouhs (1)	23.21				
enzît (1)	107.03				
er (233)	15.02	15.25	15.26	17.24	19.09
	19.11	19.19	19.32	19.35	21.03
	21.04	21.05	21.06	21.08	21.09
	21.18	21.23	21.28	21.31	21.32
	23.12	23.15(2)	25.28	25.30	25.31
	27.04	27.09	27.12	27.16	27.25
	27.28	27.32	29.07	29.14	29.16
	29.22	29.25	29.28	29.32	31.01
	31.03	31.09	31.32	33.09	33.11
	33.23	33.25	35.06	35.08	35.10
	35.12	35.20	35.32	37.24	37.29
	41.05	41.06	41.12(2)	41.13	45.08
	45.15	45.24	45.31	47.03	47.12
	47.25	47.31	49.07	49.11	49.14
	49.15	49.17	49.19	49.23	51.11
	51.23	51.27	51.29	53.11	53.12
	53.25	55.01	55.12	55.13	55.27
	57.09	57.18	57.28	57.30	57.33
	57.35	59.02	59.03	59.05	59.11
	59.13	59.16	59.17	59.22	59.25
	61.01	61.21	61.22	61.23	63.02
	63.06	63.07	63.09	63.18	63.35
	65.03	65.12	65.16	65.23	65.26
	65.32	65.34	67.05	67.07	67.08
	67.09	67.11	67.15	67.17	67.20
	67.21	67.24	67.29	67.30	67.34
	69.02	69.10	69.13	69.14	69.18
	69.20	69.22	69.26	69.29	69.30
	71.20	71.22	71.23	71.24	71.26
	71.27	71.30	73.04(2)	73.10	73.11
	77.12	77.19	77.20	77.29	77.32
	79.16	79.20	79.21	79.35	81.03
	81.04	81.05	81.06	81.09	81.26
	81.30	81.32	81.33	81.34	81.35
	83.23	83.25	83.30	83.34	87.04
	87.13	87.14	89.21	89.23	89.32
	89.35	91.01	91.02	93.32	95.09
	95.33	95.34	95.35	97.01(2)	97.13
	97.15	97.24	97.25	97.30	99.01

erbarmen– erlangen

	99.04	99.07	99.09	99.10	99.11
	99.12	99.13	99.23	99.24	99.25
	99.28	99.32	101.07	101.10	101.13
	101.17	101.18	103.02	103.06	103.10
	103.19	103.32	105.01	105.02	105.04
	105.19	105.21	105.24	105.31	111.02
	111.05	111.22	111.23	113.02	
erbarmen (1)	93.27				
erbeite (1)	45.08				
erblichen (1)	91.26				
erdâhte (2)	19.04	47.12			
erde (2)	27.34	75.03			
erden (1)	79.07				
êre (22)	13.18	15.21	15.28	17.01	17.28
	25.09	29.19	31.19	33.07	33.17
	33.22	33.35	45.01	63.20	81.33
	85.19	89.01	91.15	93.23	103.29
	105.04	109.09			
êren (6)	17.33	35.29	55.13	59.25	69.13
	71.12				
êret (2)	95.20	107.02			
ergân (2)	93.11	107.35			
ergât (1)	87.22				
ergê (1)	29.26				
ergeben (1)	97.18				
ergeste (1)	89.05				
ergetze (1)	111.06				
ergraben (1)	75.01				
erhaben (2)	75.02	85.04			
erkande (1)	35.24				
erkant (1)	53.11				
erkonnot (1)	29.10				
erklanc (1)	99.21				
erkôs (2)	17.20	89.32			
erkurn (1)	15.04				
erlangen (1)	97.12				

erleit (1)	45.31			
erlîden (1)	21.21			
erliten (2)	27.28	41.01		
erlôst (2)	39.15	85.06		
erloubet (1)	81.27			
ern (4)	19.08	21.19	49.33	57.18
ernern (1)	39.08			
ernerte (1)	21.07			
ers (3)	27.26	27.31	57.22	
erschein (2)	57.12	101.08		
erschellet (1)	63.33			
erschrac (1)	101.06			
erschracte (1)	77.15			
erschricte (1)	99.09			
erslagen (1)	101.01			
êrste (1)	11.07			
ersûfte (1)	97.09			
ertrinken (1)	63.22			
ervarn (1)	83.27			
ervert (1)	85.17			
ervinden (1)	21.19			
ervrieschet (1)	71.14			
ervunden (1)	87.32			
erwachet (1)	95.32			
erwachete (1)	89.35			
erwachte (1)	99.26			
erwacte (1)	77.14			
erwarmen (1)	103.10			
erwelt (1)	73.20			
erwenden (1)	19.07			
erwern (1)	39.07			
erwinde (1)	23.07			
erwinden (1)	21.18			

erwünschen--gæben

erwünschen (1)	79.06				
erz (7)	13.11	19.03	21.27	49.31	59.20
	59.21	69.17			
es (11)	21.03	27.08	27.27	35.18	35.34
	41.15	61.32	69.31	75.15	91.17
	91.18				
esterich (2)	77.26	99.21			
etewenne (1)	77.28				
ez (91)	13.06	17.03	19.05	19.08	23.23
	25.10	27.07	27.35	29.09	29.23
	29.26	31.13	33.06	33.28	35.33
	37.02	37.29	39.09	39.33	41.19
	41.25	45.07	45.19	47.10	47.19
	47.26	47.29	49.04	49.09	49.24
	49.25	49.32	49.35	51.03	51.05
	51.30	51.31	53.05	53.06	55.15
	57.11	59.32	61.12	61.14	61.17
	61.19	63.01	63.05	63.24	67.22
	67.26	67.29	69.06	69.32	71.13
	73.06	73.25	73.27	77.03	77.05
	77.08	79.05	79.07	79.10	81.15
	81.24	81.29	85.32	87.18	87.22
	89.08	89.12	91.29	93.18	95.26
	95.28	95.29	99.30	101.30	101.34
	101.35	103.12	103.13	105.05	105.12
	105.29	107.06	107.12	107.35	109.28
	111.04				
ezn (3)	13.07	25.12	59.30		

F

floiten (1)	59.29
Francrîche (1)	53.25

G

gâben (1)	11.26
gæben (1)	71.35

gâch–gebrochen

gâch (2)	67.05	87.19			
gæhe (1)	87.21				
gâhete (1)	83.08				
galiotten (1)	61.01				
galt (1)	75.27				
gân (8)	47.05	47.24	73.17	79.09	81.03
	97.22	109.23	111.19		
gap (5)	19.28	67.29	69.18	71.21	95.19
gar (12)	13.07	37.17	39.07	41.10	47.10
	49.32	51.05	51.28	59.08	69.32
	109.19	109.28			
garwe (4)	23.26	35.14	41.01	105.10	
garzûn (1)	45.33				
garzûne (1)	69.30				
gât (6)	37.03	79.28	87.20	93.21	95.24
	99.34				
gê (1)	89.20				
gebære (2)	19.14	21.17			
gebârte (2)	81.09	97.08			
gebe (2)	85.23	105.29			
gebeine (1)	21.12				
geben (6)	27.01	29.31	31.35	33.30	39.11
	43.23				
gebende (2)	77.19	111.26			
gebent (2)	15.34	33.34			
gebeten (1)	95.09				
gebezzert (1)	25.18				
geborn (3)	35.13	85.13	105.20		
geborne (1)	99.02				
gebôt (1)	29.08				
geboten (1)	21.08				
gebrant (1)	57.03				
gâbristet (1)	13.12				
gebrochen (1)	111.21				

gebuezen (1)	91.06			
gebunden (1)	37.20			
gedâht (1)	81.31			
gedâhte (4)	35.11	39.04	101.34	105.12
gedanc (4)	25.25	35.35	51.26	107.21
gedanken (1)	99.11			
gedenken (1)	35.31			
gedenket (2)	31.08	87.01		
gediende (2)	83.14	103.27		
gedienen (3)	33.27	35.02	103.23	
gedienet (4)	35.04	35.17	43.25	85.24
gedinge (1)	35.15			
gedrenge (1)	61.27			
gedrollen (1)	73.35			
gefieret (1)	61.06			
gegangen (3)	97.13	97.34	107.30	
gegeben (3)	17.32	85.10	103.18	
gegen (4)	53.26	53.32	59.27	107.16
gegert (1)	27.26			
gehabet (1)	41.16			
gehangen (2)	97.35	107.29		
geharmschart (1)	37.05			
geheiz (1)	37.13			
geheizen (2)	77.02	91.19		
gehôrsam (1)	29.01			
geil (1)	79.17			
gein (1)	61.19			
gekêret (1)	77.04			
geklaget (2)	85.01	109.16		
gekleit (1)	51.09			
gelac (3)	13.17	15.06	69.19	
geladen (1)	85.27			
gelân (1)	21.35			

gelæze (1)	65.18				
gelebe (1)	39.21				
geleget (1)	79.22				
geleit (3)	55.17	75.04	107.16		
gelich (1)	57.24				
gelîch (1)	77.08				
gelîche (5)	11.18	31.06	51.22	51.24	61.31
gelîchen (1)	17.06				
gelîchete (1)	19.35				
geliez (1)	25.32				
gelinge (1)	29.29				
gelinget (1)	17.25				
gelît (1)	107.04				
gellen (1)	25.04				
gelogen (1)	75.14				
gelônen (1)	33.29				
gelônet (1)	87.08				
geloube (1)	95.30				
gelouben (2)	85.15	109.32			
geloubet (1)	93.20				
gelten (1)	29.19				
gelücke (2)	39.25	39.30			
gelüste (2)	21.22	33.07			
gemach (6)	29.09	35.30	69.24	81.10	83.32
	93.10				
gemache (1)	93.08				
gemachen (1)	19.20				
gemachet (3)	73.33	93.12	93.20		
gemachte (1)	99.25				
gemâl (1)	73.24				
gemâle (1)	55.19				
gemeine (1)	31.30				
gemeit (1)	83.11				

gemêret (1)	77.05				
gemieset (1)	107.18				
gemüete (1)	107.20				
gemuoset (1)	73.26				
gemuot (1)	97.32				
genâde (1)	17.31				
genâdet (1)	43.13				
genâdete (1)	71.22				
genant (3)	25.31	31.22	75.33		
genas (1)	21.09				
genesen (3)	37.21	43.03	49.34		
genuoc (4)	51.21	57.22	71.05	75.31	
genouwen (1)	81.16				
genôz (1)	89.29				
gerant (1)	67.01				
gerâten (1)	87.13				
gerehten (1)	99.20				
gereit (1)	69.29				
gereitschefte (1)	49.17				
gêren (1)	71.11				
geriet (1)	19.06				
geriete (1)	31.34				
gerihte (1)	51.34				
geriten (1)	65.31				
gerne (11)	15.09 43.26 113.04	17.24 59.02	39.05 87.06	41.34 91.28	43.18 99.35
gerner (1)	87.27				
gerochen (1)	111.22				
gerou (2)	21.02	105.05			
gerouwen (1)	91.18				
gerouwet (1)	111.16				
geruochen (1)	39.14				

geruochte—gesinde 28

geruochte (1)	69.16				
geruochtens (1)	55.25				
geruowen (1)	101.16				
gerüste (1)	47.28				
gesach (3)	25.08	45.12	101.12		
gesagen (3)	47.13	51.12	93.05		
gesaget (2)	39.02	89.05			
gesagete (1)	81.01				
gesâhen (1)	49.26				
gesanc (1)	57.20				
gesant (2)	47.33	73.05			
gesaz (2)	25.13	67.30			
geschach (10)	13.10	15.07	21.29	25.09	41.07
	53.03	67.18	79.19	105.07	111.09
geschadete (1)	79.30				
geschæhe (1)	23.16				
geschant (1)	105.25				
geschehe (2)	45.11	111.32			
geschehen (5)	37.30	39.20	89.06	95.27	107.33
geschiht (2)	31.12	101.31			
geschræmet (1)	47.16				
geschrîben (1)	13.07				
geschuof (1)	67.33				
gesehe (1)	45.10				
geselle (1)	101.02				
geselleclîche (1)	45.05				
geselleclîches (1)	45.23				
geselleschaft (1)	65.33				
gesetze (1)	111.05				
gesige (1)	89.18				
gesiht (1)	23.24				
gesîn (1)	15.13				
gesinde (1)	23.08				

gesitze (1)	63.19				
geslâfen (1)	107.25				
geslagen (3)	55.15	65.11	79.35		
geslähte (1)	75.24				
geslichen (2)	91.25	109.18			
gesniten (3)	55.11	65.07	65.30		
gespart (1)	83.25				
gesprach (1)	105.06				
gesprechen (2)	39.22	41.14			
gestade (1)	49.25				
gestalt (2)	47.26	75.28			
gestân (1)	109.22				
gestât (1)	63.18				
gestatet (1)	109.07				
geste (1)	55.21				
gesteine (1)	73.30				
gestelle (1)	47.14				
gesten (1)	11.24				
gestillen (1)	69.26				
gestracte (1)	111.26				
gestrecket (1)	75.10				
gestrouwet (1)	77.26				
gestuont (1)	107.31				
gesundert (1)	51.16				
getân (18)	15.12	21.34	39.05	39.32	41.20
	47.07	49.16	59.15	61.14	63.14
	73.16	79.10	81.02	83.15	89.11
	91.28	97.23	109.01		
getânen (2)	49.30	71.12			
getâncr (1)	67.23				
geteilet (1)	71.13				
getorste (1)	101.22				
getræmet (1)	47.15				

getreten—gewenet

getreten (1)	95.10				
getrôste (1)	39.16				
getrouwen (2)	81.17	91.17			
getuot (1)	27.30				
gevallen (2)	27.13	111.27			
gevangen (1)	71.18				
gevar (2)	51.06	65.21			
gevaren (1)	61.16				
gevazzet (1)	107.14				
gevellet (1)	63.34				
geverte (2)	53.15	85.02			
geverwet (2)	51.18	67.06			
geverweten (1)	69.02				
geviel (1)	49.09				
gevilde (1)	63.31				
gevlêhet (1)	37.09				
gevlizzen (1)	103.22				
gevolget (1)	111.13				
gevrâget (1)	101.29				
gevrâgete (1)	103.07				
gevromen (1)	83.34				
gevrumet (2)	61.12	101.05			
gevüege (1)	89.19				
gevüeget (2)	93.18	101.35			
gewalt (1)	85.10				
gewaltec (1)	23.06				
gewan (6)	21.30 105.16	45.33	69.09	89.26	101.27
gewant (1)	81.29				
gewar (1)	83.07				
gewartet (1)	83.30				
gewecket (1)	91.27				
gewenet (1)	37.28				

gewerre (1)	87.18				
gewert (1)	27.25				
gewieret (1)	65.14				
gewin (4)	25.11	33.13	89.02	89.24	
gewinne (2)	19.21	33.14			
gewinnet (1)	27.22				
gewirret (2)	37.29	41.26			
gewissen (1)	43.16				
gewunden (1)	57.04				
gezeln (1)	71.01				
gezelt (3)	53.33	55.09	55.17		
gezelte (2)	55.35	69.24			
gezemen (1)	69.31				
gezieret (2)	61.07	97.30			
gezogen (2)	27.09	75.13			
gibe (1)	23.04				
gienc (11)	49.03 95.01 107.27	55.01 97.26	59.16 99.14	69.06 101.13	89.25 105.08
giengen (1)	73.31				
gilt (1)	39.23				
giltet (1)	33.04				
gir (1)	63.30				
gît (2)	31.32	39.10			
glas (1)	97.28				
glaste (1)	73.25				
gluote (1)	29.12				
golde (2)	49.12	65.15			
golt (2)	75.04	103.19			
golter (2)	55.18	75.21			
got (8)	17.32 93.27	31.24 99.30	37.04 105.29	87.01	93.21
gote (7)	45.26 97.18	85.01 109.16	85.08	95.06	95.18

govertiure (1)	51.08				
grans (1)	49.11				
gras (4)	55.15	67.21	77.25	107.17	
grâve (5)	61.33	63.05	63.12	99.22	99.34
grâven (1)	99.06				
grævinne (5)	25.29	45.04	61.11	83.07	87.15
grâwe (1)	53.30				
griffen (1)	69.32				
grœsten (1)	65.27				
grôz (8)	15.07	41.14	47.09	57.04	59.33
	65.35	73.35	75.17		
grôze (2)	19.34	105.14			
grôzem (1)	109.09				
grôzen (4)	23.11	23.14	23.32	69.09	
grôzer (2)	21.11	47.27			
grüene (1)	107.17				
grüezen (1)	91.05				
gruoz (1)	81.21				
güete (2)	91.31	111.06			
güetlîchen (1)	81.11				
guldînem (1)	55.20				
gunde (2)	103.24	109.15			
guot (25)	19.05	19.26	25.15	27.18	27.27
	27.29	31.35	33.09	33.35	35.18
	35.24	35.34	47.09	49.32	53.15
	55.09	69.25	75.31	85.35	89.08
	89.26	103.13	105.26	107.20	111.13
guote (5)	29.23	33.04	69.27	95.01	105.03
guoten (8)	31.24	33.22	33.34	45.17	49.05
	55.14	59.04	87.07		
guoter (4)	17.11	31.18	43.33	65.06	
guotes (3)	23.29	55.25	69.16		
guotlîche (1)	103.03				

H

habe (4)	55.02	71.19	91.18	97.23	
habet (1)	103.29				
halbez (2)	39.33	101.14			
half (2)	21.09	79.31			
halsberc (2)	59.12	71.20			
hân (30)	15.11	17.01	35.14	35.17	37.09
	39.06	39.31	41.01	41.21	41.33
	43.15	47.08	49.17	81.02	83.25
	83.27	85.12	87.04	91.12	91.14
	91.27	91.32	93.10	95.21	103.22
	105.21	105.25	109.15	109.28	111.20
hande (3)	75.03	95.05	107.19		
hant (6)	17.20	45.18	67.02	95.13	103.16
	109.01				
hânt (3)	21.33	75.12	89.11		
hâr (1)	29.16				
harnas (1)	65.04				
harte (21)	19.02	19.26	19.31	25.20	41.11
	53.27	55.09	55.14	55.19	59.04
	61.08	61.14	65.06	65.14	77.10
	79.15	81.07	89.02	91.20	97.26
	99.04				
harter (1)	99.32				
hât (32)	11.01	17.21	17.32	25.17	27.26
	27.28	29.30	33.08	33.13	35.22
	37.28	39.25	43.24	63.21	73.05
	75.34	83.15	83.33	85.04	89.05
	91.13	91.15	93.12	93.19	93.30
	101.01	101.05	101.29	101.35	105.27
	107.21	111.22			
hâte (16)	19.10	35.15	47.31	57.22	61.12
	65.23	67.08	67.34	69.11	81.27
	81.30	91.19	95.09	101.23	103.18
	107.14				
hæte (16)	15.02	27.08	35.04	39.05	39.32

hâten–hêrren 34

	39.33	43.18	43.30	55.12	73.01
	79.35	81.33	83.30	91.28	109.07
	111.12				
hâten (4)	13.03	71.34	73.19	97.32	
hazzet (1)	107.13				
heil (3)	33.16	39.32	105.30		
heilant (1)	31.21				
heile (1)	29.26				
heiles (2)	43.12	43.28			
heimlich (1)	77.24				
heimlîche (1)	73.20				
Heinrîch (1)	77.09				
heize (1)	31.29				
heizet (2)	11.09	87.03			
heldes (1)	13.24				
helfe (1)	105.35				
helfen (1)	107.04				
helfenbein (1)	75.05				
helfenbeine (1)	75.01				
helle (1)	101.03				
helm (1)	65.12				
helme (1)	63.32				
helt (2)	73.21	99.33			
henket (1)	31.07				
her (11)	33.20	35.03	45.32	59.22	61.16
	81.03	87.10	89.06	91.25	99.14
	99.28				
herberge (1)	89.22				
here (4)	11.29	43.17	61.02	99.29	
hern (1)	45.19				
hernâch (2)	83.34	89.24			
hêrre (6)	47.02	79.14	89.28	93.17	95.32
	99.18				
hêrren (3)	23.09	57.26	79.12		

hêrschefte (1)	17.04				
herte (3)	39.24	71.24	85.03		
hertez (1)	93.28				
herze (11)	13.20(2)	19.04	29.12	39.01	39.24
	77.16	95.25	97.16	109.29	111.24
herzen (1)	105.31				
hie (22)	27.33	31.15	45.10	45.13	49.29
	51.01	57.33	63.18	65.01	67.33
	73.07	81.04	83.22	87.02	89.19
	89.25	91.04	97.20	101.15	101.16
	101.31	109.27			
hienc (1)	53.08				
hiez (22)	21.20	23.12	25.33	45.26	47.03
	47.19	49.11	51.11	51.23	53.13
	57.30	57.35	59.13	59.22	59.26
	61.21	69.15	69.30	73.12	73.15
	83.09	93.05			
hieze (2)	81.03	93.07			
hiezens (1)	75.26				
hilfet (3)	23.03	37.25	61.26		
hilft (1)	27.24				
himelze (1)	73.26				
hin (3)	21.24	37.03	59.27		
hinabe (1)	55.01				
hînaht (1)	103.25				
hinder (1)	109.25				
hine (1)	43.19				
hinnen (4)	49.31	79.04	95.34	111.30	
hinunder (1)	101.18				
hinvür (1)	109.12				
hitzen (1)	67.27				
hiure (1)	83.31				
hiute (3)	75.11	79.14	83.20		
hiuten (1)	75.16				
hôch (1)	47.28				

hôchverten (1)	11.27				
hôhen (2)	33.34	49.13			
hôher (1)	97.25				
hœher (1)	77.05				
hôhes (1)	23.30				
holde (1)	59.18				
holt (1)	103.20				
holze (1)	75.08				
hœren (1)	11.06				
hœret (2)	11.11	49.10			
horn (1)	59.29				
hôrte (2)	59.31	109.19			
hôrtet (1)	65.10				
hosen (4)	57.34	59.06	71.28	99.19	
houbet (3)	71.07	77.04	81.26		
hövesch (2)	27.11	79.34			
hüete (1)	111.32				
huf (1)	59.05				
hulde (1)	91.07				
hulfe (2)	13.05	103.12			
hundert (1)	51.15				
huon (1)	57.19				
huop (6)	11.13 67.04	23.08	25.11	45.27	49.14
huot (2)	55.10	59.07			
huote (2)	29.13	89.32			
hûs (6)	25.33 79.08	57.01	61.06	61.20	77.33
hût (1)	59.10				

I

ich (193)	13.04 19.27	15.09 21.35	15.10 23.01	17.27 23.04	19.21 23.05

ichn–ie

	23.07	29.31	31.06	31.15	31.16
	31.22	31.26	31.29	31.33	31.35
	33.14	33.16	33.18	35.13	35.14
	35.15	35.17	35.19	35.21	35.27
	35.28	37.06	37.07	37.09	37.10
	37.11	37.12	37.15	37.16	37.17
	37.20	37.21	37.25	37.27	37.31
	39.04	39.05	39.06	39.07	39.11
	39.13	39.15	39.17	39.19	39.21
	39.22	39.28	39.30	41.01	41.03
	41.04	41.17	41.19	41.21	41.23
	41.30	41.34	43.07	43.11	43.14
	43.15	43.17	43.18	43.19	43.22
	43.23	43.26	43.27	43.29	43.30
	43.32(2)	43.35	45.03	45.07	45.10
	45.12	45.14(2)	47.01(2)	47.13	51.12
	61.15	63.19	63.22	75.15	75.22
	79.05	79.32	79.33	81.02	81.04
	81.17(2)	81.18	81.22	81.24	81.25
	83.12	83.16	83.18	83.19	83.20
	83.22	83.26	83.27	83.28	83.29
	85.05	85.08	85.13	85.22	87.16
	87.18	87.22	87.26	87.27	87.28
	87.30	89.03(2)	89.20	91.03	91.04
	91.06	91.07	91.09	91.17	91.22
	91.28	91.30	91.32	93.06	93.10
	93.17	95.17	95.30	97.05	97.18
	97.21	97.22	97.23	97.31	99.35
	101.16	101.27	101.30	101.31	103.01
	103.12	103.20	103.22	103.23	103.24
	103.30	105.13	105.14	105.15	105.16
	105.17	105.21	105.22	105.25	105.27
	105.28	109.06	109.07	109.08	109.11
	109.12	109.28	109.31	109.33	109.34
	111.07	111.12	111.17	111.20	111.27
	111.28	113.04(2)			
ichn (5)	89.16	101.15	103.11	103.27	111.03
ichs (2)	15.11	79.09			
ichz (5)	61.26	79.06	97.20	103.03	109.15
ie (25)	11.04	11.05	17.21	21.03	25.12
	27.31	35.13	35.15	37.07	45.31
	57.19	63.07	65.10	79.22	79.24
	85.06	85.10	85.13	85.23	87.17
	89.11	101.27	103.22	105.07	111.09

iedoch—in

iedoch (3)	83.31	97.17	101.25		
iegelîchem (1)	73.22				
iegelîcher (6)	55.29	57.21	67.02	73.01	85.34
	87.06				
iegelîchez (1)	51.19				
ieman (2)	25.13	71.27			
iemen (1)	85.22				
iemer (1)	43.35				
iemêre (1)	89.18				
iender (1)	25.23				
ietweder (1)	47.20				
iht (3)	41.26	49.33	91.31		
im (74)	17.19	19.04	19.06	19.09	19.25
	19.28	21.04	21.08	21.09	21.29
	23.04	25.27	25.32	27.02	27.24
	27.29	27.30	29.08	29.15	29.16
	29.23	29.26	29.29	31.13	31.14
	33.21	33.28	33.29	41.07	45.29
	45.33	53.18	57.30	57.35	59.07
	59.09	59.17	65.16	65.20	67.05
	67.28	67.31	69.13	71.07	71.21
	71.22	71.33	71.34	79.18	79.30
	81.01	81.27	81.29	83.20	83.24
	83.26	83.29	83.33	83.34	85.24
	85.32	87.08	89.21	95.27	97.33
	99.32	101.08	101.22	103.04	103.18
	105.06	105.07	111.09	111.32	
ime (3)	65.05	67.22	67.24		
immer (15)	37.25	39.18	39.21	43.01	43.30
	45.07	63.21	85.08	91.09	91.14
	93.04	93.18	101.03	101.32	109.08
ims (1)	69.07				
in (98)	15.04	15.34	17.05	17.27	19.07
	19.15	19.29	19.33	21.02	21.07
	21.14	21.15	21.17	23.05	23.20
	23.21	25.10	25.22	27.05	27.19
	29.12	31.04	31.13	31.17	31.28
	35.33	43.21	45.22	45.25	45.26
	45.28	45.35	47.11	49.14	51.10

în–ir

	53.10	53.12	53.31	55.35	57.32
	59.03	59.20	61.02	61.27	61.28
	63.35	67.02	69.04	69.12	69.18
	69.19	69.25	71.19	71.32	73.04
	73.12	73.13	73.14	73.17	73.18
	75.05	75.19	77.13	77.14	77.15
	77.16	77.17	77.19	77.21	77.28
	81.12	81.13	81.28	83.09	83.16
	83.31	85.10	85.17	87.03	87.09
	89.12	89.23	93.33	95.21	97.12
	97.27	97.28	97.32	101.11	101.25
	103.05(2)	103.07	103.09	107.07	107.31
	109.05	109.29			
în (8)	51.29	51.35	73.17	87.24	89.20
	89.25	97.22	109.23		
inne (8)	19.29	47.23	49.34	53.03	55.28
	61.10	97.29	111.35		
innen (2)	73.28	95.33			
inner (1)	13.34				
ir (119)	11.01	11.07	11.22	11.25	11.29
	13.14	13.16	13.18	13.20	15.20
	15.33	19.32	21.15	23.21	23.30
	25.05	25.06	25.07	25.15	25.18
	29.12	29.17	29.29	31.27	33.35
	35.07	37.09	37.11	37.14	39.09
	39.11	39.16	39.24	41.04	41.16
	41.29	41.31	41.33	43.03	43.04
	43.07	43.24	45.27	45.29	51.27
	57.11	59.28	61.06	63.21	65.10
	71.14	73.07	73.08	73.17	73.20
	75.06	75.24	77.15	77.19	79.12
	79.27	81.05	81.13	81.16	81.21
	81.25	81.28	83.06	85.15	85.18
	85.21	85.32	87.10	89.05	89.07
	89.13	89.14	89.16	89.17	91.07
	91.15(2)	91.27	91.32	93.15	93.24
	93.29	95.03	95.04	95.07	95.13
	95.14	95.20	95.22	95.24	97.07
	97.13	101.01	101.02	101.05	101.18
	101.21	101.23	101.26	101.29	103.14
	103.21	103.26	105.07	105.08	105.11
	107.27	107.35	109.01	109.17	109.19
	109.21	109.24	109.32		

Irre–jâ

Irre (1)	31.23				
irs (1)	41.18				
irz (1)	101.28				
îsen (1)	57.34				
ist (77)	11.02	15.08	15.12	15.23	17.26
	25.15	25.16	25.31	27.20	27.29
	29.13	29.21	31.04	31.13	31.19
	31.28	33.03	33.06	33.12	33.24
	33.35	35.12	35.35	37.18	37.21
	37.30	39.01	39.02	39.09	39.20
	39.27	41.20	41.25	41.27	41.32
	43.02	43.06	43.13	43.31	49.32
	61.14	61.16	73.06	75.14	75.33
	77.02	77.33	79.34	83.24	85.03
	85.25	85.27	85.28	87.02	87.16
	87.19	89.12	89.15	89.24	93.01
	93.11	93.28	93.29	97.19	99.27
	101.01	101.14	101.34	103.13	103.28
	105.12	107.03	107.33	109.29	109.30
	111.21	111.34			
iu (32)	11.02	13.04	31.15	31.22	37.06
	41.20	41.22	41.24	41.26	43.15
	43.32	47.01	63.20	73.05	73.09
	85.20	85.31	87.01	87.09	89.06
	95.19	95.23	95.27	97.31	99.35
	103.12	103.20	103.24	103.30	109.29
	109.31	111.28			
iuch (8)	41.16	41.29	43.03	69.31	81.13
	89.07	93.06	95.18		
ius (1)	43.26				
iuwer (8)	43.01	43.24	79.21	79.27	81.15
	85.19	85.25	103.19		
iuwern (3)	43.08	79.19	85.27		
iuwers (1)	43.28				
iuz (3)	47.13	51.12	109.33		

J

jâ (8)	41.22	41.27	41.34	67.09	81.25
	85.07	109.28	109.34		

jâchante (1)	55.22				
jæhe (1)	69.13				
jâmerlich (1)	109.24				
jâmerlîche (1)	63.11				
jâmerlîchen (1)	23.33				
jâr (1)	13.03				
jâren (1)	23.20				
jehen (1)	37.31				
jugent (1)	109.10				
Jûlius (1)	17.16				
juncvrouwe (7)	73.21	79.11	81.23	89.26	91.10
	105.32	109.17			
juncvrouwen (3)	73.16	77.23	91.02		
jüngeste (1)	101.33				

K

kamerære (1)	43.28			
kan (4)	13.07	35.02	45.14	79.33
Karle (1)	25.01			
✗ karrich (1)	47.33			
Kartagô (1)	77.02			
kein (4)	17.05	79.08	83.32	101.34
keine (1)	85.30			
keinen (1)	99.24			
keiner (2)	17.21	103.27		
keinez (1)	51.17			
keiser (1)	29.05			
kélte (1)	71.25			
kemenâte (1)	97.27			
kemenâten (1)	73.18			
kêre (1)	19.22			
kêren (1)	59.26			

kêret—krete

kêret (2)	41.35	107.01			
Kerlingen (3)	23.34	25.14	27.04		
kêrte (3)	25.25	49.07	97.06		
kiel (1)	49.08				
kiesen (2)	19.24	43.14			
kinde (1)	21.06				
kint (3)	19.14	19.21	53.30		
klaffest (1)	97.02				
klage (5)	37.24	83.19	95.29	109.19	109.24
klagen (2)	31.16	85.08			
klaget (1)	79.21				
klagete (2)	21.32	95.06			
kleine (7)	21.13 65.33	33.24 79.31	35.09	41.14	45.16
kleinen (1)	89.02				
kleiner (1)	67.10				
kleit (1)	107.15				
kneht (2)	59.18	73.13			
knehte (1)	67.01				
knehtes (1)	73.11				
knie (1)	57.32				
knopf (1)	55.16				
kol (1)	75.29				
Kölne (1)	47.17				
kome (1)	81.14				
komen (9)	11.02 79.13	17.15 83.03	43.17 101.22	71.33 109.29	73.08
koste (1)	83.31				
kosten (1)	15.22				
koufte (1)	105.04				
kraft (4)	11.14	25.01	41.32	89.17	
krefte (1)	17.03				
krete (2)	19.28	19.33			

Kriechen (10)	11.09	11.13	11.17	11.27	13.01
	15.14	15.18	15.31	17.14	75.20
krône (1)	57.09				
küenen (1)	11.23				
küeneste (1)	101.26				
kumber (7)	35.27	37.26	87.07	105.13	111.07
	111.24	111.31			
kumberlîche (2)	35.33	93.03			
kumberlîchiu (1)	37.18				
kumbers (1)	39.15				
kûme (2)	45.08	61.28			
kumest (1)	95.15				
kumet (4)	61.13	79.13	85.18	111.11	
kumpf (1)	55.26				
kumt (1)	95.34				
kunde (8)	33.19	41.13	59.10	69.26	71.01
	99.24	101.27	103.23		
künde (7)	15.10	47.01	47.13	51.12	81.18
	87.13	113.04			
kündeger (1)	53.01				
künec (7)	17.34	19.30	21.26	23.10	65.19
	75.34	87.12			
künege (1)	77.11				
künic (1)	19.16				
küniginne (1)	41.25				
künstlichen (1)	81.34				
kurn (1)	25.04				
kuste (4)	45.25	69.04	103.05 (2)		
küste (1)	47.27				

L

lac (10)	17.11	19.12	35.10	75.16	75.21
	77.12	81.35	99.07	101.07	101.11

læge–leide 44

læge (1)	81.09				
lâgen (1)	23.18				
lampartischer (1)	53.09				
lân (5)	13.06	29.07	83.16	89.10	103.01
lanc (4)	25.24	55.04	55.18	99.12	
lande (8)	13.31 57.10	15.27 85.17	15.31	23.21	35.23(2)
landen (1)	45.35				
lange (3)	23.35	81.30	93.14		
langen (1)	49.05				
langer (1)	43.27				
lant (13)	11.09 25.02 63.16	15.18 25.12 65.34	15.20 25.17 75.34	17.19 53.10	19.01 61.23
lantvolc (1)	25.08				
lære (4)	33.33	67.25	77.21	101.14	
las (2)	13.09	95.12			
laste (1)	31.02				
laster (3)	33.03	33.04	63.21		
lasterbæren (1)	103.31				
lât (5)	33.07	77.08	81.24	87.21	95.21
laz (1)	81.07				
lâze (3)	29.16	31.09	93.25		
lâzen (4)	53.15	83.09	85.29	111.33	
lâzet (1)	43.05				
lebe (3)	29.20	85.22	105.28		
leben (6)	17.28 109.05	27.02	39.12	43.24	97.19
lebendes (1)	27.34				
lebene (2)	17.29	109.13			
lebete (3)	13.16	87.12	101.21		
leget (1)	81.13				
legete (1)	81.26				
leide (3)	21.34	63.04	99.06		

leiden (1)	85.32				
leie (1)	33.10				
leit (11)	23.03	35.12	41.24	63.11	85.20
	87.16	97.10	105.07	105.14	107.33
	109.30				
leiten (1)	59.23				
leites (1)	109.02				
lendenier (1)	59.04				
lenge (1)	61.26				
lêre (1)	25.18				
lêret (1)	17.23				
lêrte (1)	97.07				
lesen (1)	11.06				
lewe (1)	99.03				
lîbe (3)	21.01	83.13	105.18		
lîbes (1)	23.29				
lîde (1)	103.03				
lîden (1)	35.27				
lîdet (1)	111.24				
liebarten (1)	75.11				
liebe (3)	43.33	45.29	105.14		
lieben (1)	31.05				
lieber (1)	83.24				
liebers (1)	31.14				
liefen (1)	67.25				
lieht (2)	57.03	97.28			
liep (1)	83.29				
liez (2)	19.09	73.13			
lieze (1)	93.06				
liezen (1)	71.32				
lige (1)	89.19				
ligen (2)	83.09	93.06			
liget (2)	75.35	83.23			

lîhte–lützel

lîhte (10)	19.32	41.02	43.07	47.15	81.15
	83.03	87.05	87.20	87.32	95.31
lîhter (1)	59.02				
linge (1)	67.23				
lîp (8)	19.10	21.24	27.07	33.31	85.09
	95.19	99.31	103.29		
lîse (1)	99.04				
list (1)	11.10				
liste (2)	29.02	51.29			
lîste (2)	65.09	75.28			
lît (1)	79.14				
lite (2)	33.09	87.06			
liute (7)	27.17	39.03	51.30	53.18	53.27
	75.12	105.09			
liuten (2)	27.14	49.09			
lobes (1)	93.02				
loch (1)	47.22				
lôn (6)	27.03	33.24	33.35	37.13	87.11
	93.29				
lône (5)	25.21	33.30	35.26	43.15	83.22
lônen (4)	43.26	43.32	45.14	83.21	
lônes (7)	27.25	27.32	33.17	35.06	37.22
	85.23	89.34			
lônet (4)	17.02	25.22	35.16	35.25	
lop (6)	17.20	25.07	25.32	35.22	69.28
	105.04				
loste (1)	109.03				
loube (1)	107.29				
loup (2)	77.25	107.17			
lûhte (1)	73.27				
lûte (1)	107.08				
lûter (1)	55.27				
lützel (2)	51.30	77.22			

M

mac (16)	15.13	21.35	29.18	31.14	33.27
	35.19	39.22	41.24	43.32	45.02
	49.35	75.15	79.13	85.20	89.06
	111.03				
machen (3)	47.03	75.26	79.25		
machent (1)	33.31				
machet (2)	33.02	107.20			
machete (1)	47.25				
machte (1)	77.10				
magedin (2)	83.04	83.35			
magen (1)	19.29				
maget (6)	39.01	81.11	89.04	95.01	97.10
	109.17				
man (82)	11.07	11.09	11.10	11.16	13.24
	13.27	15.15	15.34	17.01	17.26
	17.29	19.02	19.10	19.33	21.11
	21.29	21.30	21.31	23.24	23.25
	25.22	25.33	27.06	27.32	27.33
	29.02	29.04	29.06	29.18	31.07
	31.34	33.08	33.12	33.29	35.01
	35.24	35.31	41.31	43.34	45.15
	47.21	47.29	49.01	51.10	51.20
	51.34	53.08	53.33	57.19	57.20
	59.07	61.32	63.26	63.34	65.04
	65.13	65.20	69.08	71.18	75.27
	77.22	79.24	79.34	83.05	83.10
	83.13	85.16	85.29	85.33	87.29
	89.19	95.35	99.07	101.21	101.26
	101.32	103.14	105.06	105.17	107.04
	107.13	107.34			
mande (1)	93.32				
manec (7)	13.03	13.25	23.22	23.24	25.17
	47.22	57.03			
manege (3)	23.13	81.30	107.09		
manegem (1)	13.31				
manegen (5)	11.17	25.35	33.26	43.31	45.33

maneger—meisterschaft 48

maneger (12)	13.35	17.26	27.33	33.05	33.08
	33.33	43.02	49.10	63.34	65.02
	105.03	107.19			
manegez (1)	21.26				
manegiu (1)	59.34				
manne (4)	57.24	59.30	103.28	105.34	
mannen (1)	33.32				
mannes (1)	87.28				
mans (1)	17.14				
manz (1)	77.01				
marcte (1)	105.32				
marcten (1)	105.10				
mære (8)	11.03	13.12	17.07	51.01	71.15
	93.28	97.15	101.32		
Marke (1)	27.05				
market (1)	33.05				
marnære (2)	51.07	53.21			
Maroch (1)	75.34				
Mase (1)	49.29				
maser (1)	55.28				
✗ maspoum (1)	53.07				
mast (2)	51.18	71.08			
maste (2)	49.13	53.11			
Maurîcien (1)	45.19				
Maurîcius (5)	25.31	33.20	35.03	45.32	99.14
mâze (2)	31.10	93.24			
mâzen (1)	43.20				
mê (10)	39.21	41.26	49.18	59.11	63.21
	77.01	85.30	91.09	103.27	103.33
mein (2)	21.26	23.22			
meinen (1)	45.21				
meister (4)	47.08	47.19	49.03	89.15	
meisterlîcher (1)	113.05				
meisterschaft (1)	89.16				

mer – mîne

mer (1)	31.13				
mere (2)	47.06	61.03			
mêre (9)	11.05	43.35	67.16	79.16	85.06
	85.18	85.23	103.30	109.08	
meres (1)	111.02				
mêret (1)	15.26				
merken (1)	65.17				
mermelsteine (1)	61.08				
mêrre (2)	49.15	95.31			
mêrren (1)	17.21				
messe (1)	57.15				
messinc (1)	49.21				
mich (43)	33.18	35.24	37.08	37.11	39.07
	39.08	39.16	39.19	39.28	39.33
	43.09	43.23	45.06	79.02	79.10
	79.31	79.33	81.19	81.24	83.28
	83.33	87.16	87.26	91.21	91.25
	91.27	93.16	93.19	93.25	93.26
	97.18	101.05	103.22	105.23	105.24
	105.25	105.31	109.30	109.35	111.05
	111.09	111.16	111.23		
Michaêle (1)	63.28				
michel (4)	19.23	63.24	67.16	101.19	
michele (1)	79.18				
michelem (1)	21.12				
mîdet (1)	111.23				
miete (3)	31.33	43.33	67.35		
mîn (41)	33.16	35.15	35.22	35.25	37.03
	39.01	39.08	39.12	39.23	39.25
	41.25	41.32	43.31	45.03	45.13
	45.32	63.18	73.05	79.04	79.14
	79.26	79.30	81.14	81.19	81.22
	83.24	83.30	85.04	85.10	89.01
	91.04	91.05	91.13	93.01	93.13
	93.19	95.32	101.02	105.23	111.24
	111.25				
mîne (5)	45.01	81.13	93.31	109.10	111.01

mînem—mit

mînem (1)	105.18				
mînen (6)	41.33	79.03	85.07	85.11	93.04
	111.31				
mîner (3)	39.06	43.10	91.08		
mînes (1)	43.12				
mîniu (1)	23.03				
minne (11)	25.26	29.22	33.15	45.05	87.16
	87.19	87.21	89.29	105.31	107.33
	111.29				
Minne (3)	29.03	29.08	89.14		
minneclîche (1)	45.28				
Minnen (3)	29.10	29.21	29.24		
minnent (1)	27.18				
minner (2)	31.18	85.34			
minnet (3)	15.15	27.21	29.30		
minnete (1)	37.07				
mir (45)	19.20	21.33	23.02	31.34	35.12
	35.16	35.25	37.12	37.19	37.30
	39.02	39.10	39.20	39.31	39.32
	41.18	41.27	43.06	43.13(2)	43.24
	73.09	81.03	81.21	83.15	85.15
	87.16	87.18	89.18	93.05	93.11
	93.20	93.29	93.30	95.30	97.19
	103.02	105.16	105.29	109.15	109.30
	111.04	111.10	111.21	111.22	
mirz (1)	109.07				
missegât (1)	105.34				
misselîche (1)	41.11				
missetân (1)	91.13				
missetât (4)	33.06	39.30	85.05	93.31	
misseval (1)	85.28				
missevarn (1)	91.12				
missewende (1)	39.09				
mit (67)	11.02	11.14	13.11	13.23	15.10
	17.33	19.08	19.19	21.12	23.02
	23.33	25.01	25.35	27.26	29.19

	31.02	33.04	45.17	47.27	49.05
	49.12	49.30	51.29	53.05	55.05
	55.13	55.14	59.14	59.17	59.25
	61.02	61.08	65.15	65.22	67.07
	67.23	69.27(2)	71.12	71.33	73.17
	75.13	77.06	77.15	77.27	83.02
	83.13	83.22	83.26	85.26	89.17(2)
	93.32	95.02	97.17	99.01	99.11
	99.23	99.25	103.02	103.09	105.03
	105.33	107.19	109.06	109.09	111.06
mite (11)	13.08	31.25	45.22	49.02	61.23
	67.33	87.05	89.08	89.25	93.30
	111.23				
mitten (1)	53.07				
mohte (8)	11.16	13.28	17.06	35.28	65.17
	69.07	77.07	109.22		
möhte (17)	17.01	31.15	35.26	37.11	39.07
	41.03	47.24	49.23	69.31	79.07
	81.17	83.03	83.25	83.29	91.06
	105.19	109.35			
mohtet (1)	109.32				
mohtez (1)	55.13				
morgen (2)	87.32	107.23			
morgens (1)	57.12				
mouwen (1)	95.04				
müede (4)	69.22	81.07	81.16	91.11	
müeden (2)	83.05	83.10			
müeder (1)	85.09				
müejet (1)	109.30				
müeliche (1)	39.26				
müese (4)	19.08	21.19	37.20	91.09	
müeze (4)	11.05	29.01	85.01	91.14	
müezen (1)	23.01				
müezet (1)	101.02				
müge (2)	33.29	83.34			
mügen (1)	13.06				
müget (2)	43.04	95.22			

munde—naht

munde (1)	99.23				
münster (1)	73.25				
munt (2)	45.25	97.04			
muoder (1)	71.10				
muose (9)	21.21	23.27	27.13	29.07	33.21
	35.06	35.27	47.08	77.19	
muosen (1)	13.32				
muost (1)	19.24				
muot (3)	17.23	33.34	89.27		
muote (4)	29.20	95.02	105.02	109.21	
muoten (1)	53.23				
muoter (1)	21.13				
muotes (1)	23.30				
muoz (17)	15.22	31.16	35.30	37.21	37.31
	39.19	41.19	43.14	45.01	79.26
	93.03	103.01	107.34	109.08	109.14
	109.16	113.02			
muoze (1)	57.27				
mûre (1)	11.25				

N

nâch (25)	11.17	19.18	25.10	25.21	35.29
	43.09	45.23	47.32	51.06	51.08
	51.14	55.04	63.30	67.06	67.17
	73.05	87.20	87.34	89.06	89.33
	93.07	97.13	99.03	99.12	111.15
nagel (1)	49.10				
nagele (1)	55.23				
nagelen (1)	49.05				
nâhen (4)	49.27	61.05	99.27	105.08	
nâhet (1)	61.19				
nâhete (1)	51.03				
naht (6)	13.09	73.28	81.30	97.29	
	101.10	111.08			

nahte (1)	69.21				
nahtes (1)	35.10				
nahtigal (1)	109.04				
nam (8)	45.24	67.03	67.05	67.07	67.32
	103.16	103.32	105.11		
næme (2)	41.04	71.28			
nâmens (1)	73.02				
næten (1)	75.13				
neben (1)	61.20				
nemen (1)	69.30				
nement (1)	27.18				
nemet (1)	103.19				
nere (1)	99.30				
Nêre (2)	19.16	21.11			
Nêren (1)	17.34				
nerent (1)	43.03				
nestelte (1)	59.06				
netze (1)	87.23				
nider (2)	67.11	67.20			
nie (15)	13.02	15.24	25.32	27.06	31.34
	45.12	59.30	69.08	71.14	75.23
	79.30	83.14	89.09	89.29	91.03
nieman (7)	37.04	53.02	55.31	59.09	61.18
	65.32	71.01			
niemen (6)	13.07	29.20	45.18	65.17	71.29
	87.02				
niemêr (1)	15.13				
niet (1)	109.32				
niht (41)	13.28	19.07	21.18	21.35	23.20
	25.24	31.08	31.14	31.30	31.33
	35.18	35.21	37.10	37.29	39.10
	41.18	43.22	55.04	59.01	75.09
	75.14	75.15	75.18	83.26	85.22
	85.25	85.29	85.32	87.13	91.05
	93.25	93.27	95.21	97.02	97.30
	99.08	101.22	101.29	101.30	105.33
	109.22				

nihtes—obe

nihtes (1)	31.26				
nim (1)	45.09				
nimet (1)	31.32				
nimmer (12)	35.19	37.14	79.16	81.22	83.18
	85.18	85.30	95.34	103.20	103.27
	103.30	111.03			
ninder (1)	77.01				
niunden (2)	67.20	71.10			
niuwet (1)	15.25				
niwan (1)	23.25				
noch (24)	13.04	17.04	23.22	23.24	29.04
	31.31	35.34	37.13	39.01	39.31
	41.30	47.21	49.18	49.29	55.31
	69.08	79.17	79.35	87.08	89.11
	89.13	107.25	109.21	111.05	
nôt (10)	19.23	23.17	29.09	29.13	37.12
	37.18	43.06	43.13	101.20	111.25
nôtdurft (1)	33.02				
nôte (1)	55.12				
nôthaft (1)	23.35				
nôtvesten (1)	11.23				
nû (38)	15.34	17.26	19.22	27.33	29.20
	31.20	39.19	41.31	43.18	45.11
	47.01	51.11	69.21	73.06	73.13
	83.23	83.28	85.31	87.03	89.12
	89.35	91.07	91.32	93.10	95.16
	95.30	97.04	97.20	97.28	103.01
	103.03	103.10	103.28	109.08	109.11
	109.17	111.21	111.33		

O

ob (3)	35.32	39.14	45.14		
obe (16)	15.10	27.26	29.25	37.29	57.09
	63.26	71.27	75.21	79.06	81.20
	85.16	87.08	91.07	95.26	101.30
	109.07				

obene (1)	73.26				
od (1)	101.21				
ode (2)	43.20	89.17			
oder (17)	19.05	19.24	27.35	29.09	31.10
	33.17	37.22	41.14	43.14	43.16
	67.03	75.24	87.33	95.16	99.29
	101.30	113.03			
offenbære (1)	51.02				
offeniu (1)	87.31				
offenlîche (1)	13.23				
ofte (1)	81.31				
Olivier (1)	25.03				
orte (1)	61.04				
ouch (28)	13.22	15.17	19.10	21.19	25.10
	29.06	31.33	33.01	35.27	37.30
	39.13	41.25	45.13	63.19	69.33
	71.28	77.24	79.31	83.04	85.22
	87.27	97.12	97.20	99.26	103.10
	107.22	109.18	111.06		
ougen (3)	13.11	53.05	97.34		
ôwê (3)	41.03	85.13	91.10		

P

palas (1)	23.24	
Pandarus (1)	13.21	
Pârîs (1)	11.20	
pfellelîn (1)	75.20	
pfert (1)	73.11	
pfîfen (1)	59.35	
pflac (2)	13.16	81.34
pflâgen (1)	25.06	
pflihten (1)	65.29	
pfulwen (1)	77.06	
polver (1)	19.28	

porte—rehter

porte (1)	61.05				
poulûn (1)	57.08				
prîs (3)	11.19	27.08	69.09		
prîse (1)	27.12				
puneiz (1)	61.30				

Q R

quam (15)	23.34	41.05	65.31	67.01	67.09
	67.31	69.33	71.18	73.03	83.01
	91.20	91.24	95.10	97.14	107.30
quæme (2)	71.27	81.20			
quâmen (3)	53.27	55.05	61.25		
quæmen (1)	57.14				
quan (8)	19.01	21.10	27.05	53.12	55.32
	61.33	63.16	97.01		
rame (1)	47.25				
râme (1)	69.19				
ranc (1)	99.11				
rât (16)	17.31	19.26	27.27	29.31	35.34
	39.29	41.33	43.01	45.02	79.27
	101.04	101.34	105.26	105.35	107.03
	111.14				
râte (2)	111.12	111.28			
râtgebe (1)	29.21				
rechen (1)	23.03				
rede (6)	11.02	15.08	75.14	77.27	85.03
	111.33				
reht (7)	27.14	31.27	33.06	33.18	69.13
	105.12	111.21			
rehte (17)	29.10	35.01	47.13	51.12	53.19
	57.09	65.21	65.25	67.09	67.34
	73.07	81.01	91.24	91.33	97.31
	107.12	111.19			
rehten (2)	53.14	109.34			
rehter (3)	53.31	69.05	105.20		

reichen (1)	57.30				
reit (1)	63.12				
rîch (1)	27.32				
rîche (11)	17.18	23.06	25.07	39.18	43.20
	51.21	61.30	75.12	77.33	83.01
	93.02				
rîchen (1)	17.05				
ricken (1)	59.14				
rief (1)	77.13				
riemen (2)	59.13	71.30			
riet (1)	109.33				
rieten (2)	25.27	63.30			
rigel (1)	75.07				
rihten (2)	65.28	113.01			
rîme (1)	113.01				
Rîn (1)	49.29				
ringe (1)	67.24				
ritter (10)	25.24	45.13	53.28	57.13	61.24
	63.02	65.02	79.20	79.29	101.12
ritterlîche (3)	17.17	25.06	53.24		
ritterlîchen (1)	11.19				
ritterschaft (9)	11.04	11.13	15.13	15.21	17.09
	17.13	23.27	25.15	63.07	
ritterschefte (2)	11.11	25.19			
rocke (1)	71.05				
Rômære (2)	17.08	21.33			
Rôme (8)	17.06	17.07	17.13	17.33	21.28
	23.17	23.26	23.28		
ros (7)	51.31	51.35	59.18	65.20	67.07
	67.25	67.27			
rôsen (1)	107.10				
rœte (1)	41.09				
rôtem (1)	47.32				
rotten (1)	59.35				

roube (1)	39.38			
rouben (1)	61.03			
roubet (1)	43.09			
roup (1)	103.31			
rouwe (3)	27.31	107.25	111.11	
rouwec (1)	99.07			
rouwen (1)	97.16			
rouwet (1)	111.09			
ructe (1)	97.25			
rüefen (1)	69.15			
rûme (1)	61.29			
rûn (1)	57.27			
ruoder (3)	49.15	51.13	71.09	
ruof (1)	67.34			
Ruolant (1)	25.03			
ruon (1)	51.27			
ruorte (1)	95.13			
ruoten (1)	53.22			
ruowende (1)	81.10			
ruowet (1)	81.14			
ruowete (1)	13.02			

S

sâ (4)	45.24	55.01	67.32	99.33	
sabene (1)	75.25				
sach (15)	13.11	21.23	41.06	45.18	53.02
	63.01	63.35	65.04	65.13	81.12
	91.01	91.23	99.01	99.22	109.25
sache (1)	93.09				
sachen (2)	19.19	47.04			
sage (6)	11.17	31.22	37.06	87.22	89.21
	95.30				

sagen (5)	31.15	41.18	65.10	97.31	99.35
saget (2)	47.01	101.32			
sagete (4)	13.04	21.29	103.12	109.31	
sæhe (5)	23.15	53.05	69.12	79.09	95.26
sâhen (3)	53.20	55.07	105.09		
sal (13)	17.29	35.01	35.14	35.31	41.21
	43.01	49.28	83.28	85.05	85.29
	109.05	109.11	113.01		
salben (1)	41.29				
sælden (1)	41.23				
sælec (1)	35.01				
Salerne (1)	41.35				
Salomôn (1)	87.12				
Salomône (1)	77.11				
salt (1)	85.11				
sam (5)	49.19	51.10	51.18	55.27	73.29
samet (1)	57.16				
samît (1)	65.06				
sanc (2)	107.22	109.04			
sande (1)	19.16				
sanfte (2)	95.10	95.13			
sant (2)	61.15	61.22			
sante (1)	63.28				
saz (4)	61.11	73.11	77.23	81.06	
sæze (1)	65.19				
sâzen (3)	55.21	61.09	83.10		
schâch (1)	43.10				
schade (5)	31.19	49.24	87.20	93.13	95.31
Schade (1)	29.21				
schaden (14)	15.19	15.33	23.02	27.23	29.15
	29.22	43.30	85.26	91.14	93.04
	95.26	105.26	109.09	111.20	
schâf (1)	83.23				
schal (1)	63.31				

schalle–schœner

schalle (2)	55.05	65.27			
schande (6)	15.28	23.22	57.11	85.16	95.06
	105.27				
schanden (2)	29.14	89.28			
schar (1)	67.10				
scharlâte (1)	47.32				
schedelîchen (1)	85.14				
schein (2)	53.10	75.06			
schîben (1)	47.29				
schiere (5)	41.06	87.34	91.30	93.31	95.14
schieres (1)	79.13				
schif (17)	47.03	47.12	47.16	47.24	49.26
	51.04	51.11	53.12	53.29	59.16
	59.20	63.18	65.28	69.29	71.15
	79.25	81.32			
schiffe (6)	49.10	49.16	49.18	57.14	63.35
	69.17				
schiffes (1)	47.08				
schifhêrre (1)	67.33				
schifman (4)	53.13	55.07	57.17	63.15	
schilde (1)	63.32				
schilt (2)	53.08	67.05			
schiltet (1)	33.05				
schîn (2)	15.14	57.02			
schinebein (1)	101.09				
schînen (2)	65.04	65.13			
schînet (1)	37.02				
schirmære (1)	37.01				
schiure (1)	57.07				
scholt (1)	15.33				
schône (6)	25.20	57.08	61.07	65.31	77.10
	107.18				
schœne (3)	27.09	59.19	79.01		
schœner (1)	93.32				

schœniu (1)	107.15				
schouwe (1)	43.11				
schouwen (2)	11.16	53.29			
schôz (4)	61.22	77.16	81.13	81.28	
schrê (1)	99.23				
schreip (1)	13.09				
schreit (1)	97.11				
schricken (1)	59.03				
schrîten (1)	45.34				
schulde (1)	91.08				
schuldec (2)	43.23	109.20			
schuldege (1)	43.22				
schulden (6)	43.08 111.27	79.19	85.11	85.27	105.13
schuldic (1)	93.15				
schulthaft (1)	63.08				
schuof (1)	63.15				
sê (3)	49.19	63.22	75.35		
segel (2)	53.10	59.26			
segele (1)	51.22				
segelwint (1)	53.31				
segen (1)	99.24				
sehe (1)	111.31				
sehen (1)	107.34				
sehsten (2)	67.16	71.06			
seht (3)	61.18	63.20	85.31		
sehzic (1)	87.05				
seil (1)	49.22				
selbe (10)	33.01 79.25	33.12 87.24	33.18 87.25	37.30 97.21	77.17 105.16
selben (3)	97.03	105.25	107.02		
selber (1)	55.29				
sêle (3)	33.31	63.27	95.15		

selten—sicherheit

selten (2)	27.30	29.18			
semede (1)	77.25				
seneden (1)	39.12				
senendiu (1)	107.32				
senet (1)	37.29				
senfter (1)	37.19				
sêre (14)	13.19	15.22	19.15	25.19	37.05
	63.06	67.15	71.19	79.15	79.21
	91.29	93.22	97.24	105.05	
sî (95)	11.08	11.12	15.06	15.17	17.02
	17.15	21.17	21.21	23.28	23.34
	25.16	27.34	27.35	29.11	31.27
	31.32	35.16	37.21	39.10	39.14
	41.02	41.16	41.22	45.08	45.19
	45.22	45.25	45.27	61.13	61.17
	63.10	63.20	65.35	69.07	73.09
	73.15	73.19	73.33	77.14	77.15
	77.16	77.21	77.28	79.13	79.22
	79.31	81.12	81.20	81.27	83.06
	83.08	83.09	87.28	89.17	89.25
	91.14	91.19	91.20	91.24	91.26
	91.29	91.31	93.05	93.24	93.26
	93.30	93.33	95.06	95.08(2)	95.10
	95.11	95.15	95.35	97.06	97.08
	97.14	99.28	99.33	101.20	101.22
	101.25	101.34	103.05	103.07	103.09
	103.18	105.12	107.24	107.27	107.30
	107.31	109.05	109.20	109.22	
sibende (2)	71.08				
sibenden (1)	67.17				
sich (39)	11.13	15.26	17.10	17.12	25.11
	25.17	29.14	29.24	29.33	31.01
	31.25	33.19	37.28	37.29	41.02
	47.02	53.23	57.25	57.33	63.09
	67.04	71.23	77.27	85.29	87.21
	87.25	89.23	93.18	97.06	99.22
	101.09	101.35	105.02	107.02	107.14
	109.25	111.04	111.15'	111.22	
sicher (1)	43.04				
sicherheit (1)	23.04				

sicherlîche (1)	77.32				
sîden (1)	49.22				
sider (7)	11.08	19.01	19.33	25.01	65.35
	67.12	91.18			
sîdîn (1)	77.06				
sie (77)	11.14	11.28	13.03	13.34	15.04
	15.15	15.16	15.19	15.32	15.34
	17.10	17.17	21.20	23.01	23.10
	25.04	25.10	25.20	29.28	31.20
	31.22	31.24	31.25	31.30	33.02
	33.11	33.31	37.23	39.22	39.26
	41.06	43.03	45.31	51.10	51.32
	53.04	53.13	53.23	55.05	55.24
	55.33	57.14	57.20	57.23	59.24
	59.28	59.33	61.25	63.03	63.17
	69.32	71.01	71.13	71.32	71.34
	71.35	73.31	77.27	77.29	79.29
	81.03	83.10	89.30	89.32	91.18
	93.22	93.32	95.09	97.07	97.21
	97.25	99.05	103.08	105.02	105.05
	109.21	109.26			
siech (1)	37.22				
siechen (1)	11.28				
sies (2)	57.05	71.35			
sigen (1)	95.04				
sihe (1)	17.27				
siht (1)	31.11				
silberwîz (1)	49.06				
siln (1)	51.34				
sîme (1)	29.02				
sin (5)	33.12	37.03	43.08	53.01	101.24
sîn (70)	13.20	17.20	17.23	19.06	21.13
	21.22	23.08	25.25	25.33	27.02
	27.03	27.15	27.24	29.01	29.16
	29.25	31.10	35.09	35.26	41.24
	45.02	45.20	47.14	49.21	49.28
	53.10	55.02	55.09	55.11	57.08
	59.18	59.24	59.32	61.21	61.22
	63.01	65.03	65.20	65.33	67.07

sîne—slege

	69.04	69.24	69.28	71.25	73.02
	73.15	77.02	77.16	77.18	81.02
	81.26	81.32	83.03	83.25	83.29
	83.33	85.01	89.03	89.24	95.17
	95.31	95.33	97.16	99.15	99.32
	101.03	103.04	105.20	109.14	109.16
sîne (10)	21.31	21.32	35.11	37.24	53.21
	59.05	63.27	65.26	73.34	83.19
sînem (7)	19.18	19.29	49.18	51.06	61.02
	83.13	111.15			
sînen (6)	45.25	49.07	53.08	65.12	71.20
	107.01				
sîner (14)	35.05	41.08	51.03	51.08	63.30
	65.18	67.01	83.21	89.22	89.29
	95.29	99.19	101.11	103.16	
sînes (1)	55.25				
sîniu (3)	57.32	65.08	69.02		
sinne (6)	19.22	25.27	29.23	29.30	89.15
	105.30				
sinnen (1)	79.03				
sint (4)	31.22	31.30	85.33	87.29	
sinvluot (1)	49.33				
sît (21)	11.12	25.17	27.15	37.12	41.31
	73.07	79.18	81.16	85.11	87.10
	89.13	93.11	93.15(2)	101.05	101.26
	101.35	103.21	103.26	103.33	105.06
site (4)	15.23	33.08	45.23	89.09	
sîten (1)	69.11				
siu (2)	51.27	75.03			
slac (1)	31.13				
slâf (4)	81.22	83.24	83.33	93.12	
slâfe (1)	81.25				
slâfen (3)	83.25	97.05	99.08		
slâfende (1)	81.20				
slæfet (1)	87.14				
slahte (2)	77.30	105.03			
slege (1)	97.32				

slegen (1)	69.23				
sleich (1)	99.04				
slief (4)	77.12	81.28	91.03	99.12	
sliefe (2)	85.07	97.08			
sliefen (1)	99.05				
slouf (1)	101.18				
sluoc (4)	49.04	53.33	65.01	71.06	
sluogen (1)	59.28				
smerze (1)	77.17				
snê (1)	59.12				
snel (1)	65.02				
snüeren (1)	55.14				
sô (73)	17.23	17.26	21.15	23.22	27.15
	27.27	31.01	31.07	33.03	33.28
	35.15	35.17	37.05	37.10	37.26
	39.05	39.11	39.17	39.33	41.16
	41.29	41.35	43.02	43.23	43.29
	51.32	55.33	57.17	59.30	61.18
	67.29	71.15	73.07	73.24	77.20
	79.05	79.08	79.26	81.22	81.25
	81.31	81.34	83.19	83.29	83.32
	85.18	85.25	85.33	87.10	87.17
	87.32	89.01	89.19	89.21	89.33
	91.03	91.09	93.01	93.16	93.18
	95.34	99.31	101.28	101.35	105.06
	105.08	105.28	105.34	107.04	109.24
	109.33	111.04	113.02		
solde (17)	31.35	43.19	47.05	47.17	47.30
	49.19	57.18	63.08	63.22	79.06
	83.16	87.04	89.34	93.10	95.08
	105.17	111.19			
solden (2)	47.23	51.31			
solich (1)	61.27				
solichen (1)	33.08				
solichez (1)	11.26				
solichiu (1)	83.17				
solt (2)	15.34	91.27			

sorge–stat

sorge (2)	37.28	45.30			
sorgen (4)	35.32	39.06	99.08	107.24	
sôs (1)	95.14				
spalten (1)	113.02				
spangen (2)	49.04	55.23			
spanne (1)	75.30				
sparn (1)	29.19				
spâte (2)	35.16	111.11			
sper (5)	47.23	51.14	67.03	67.06	69.02
spiegel (2)	55.16	55.27			
spiegelglas (1)	73.27				
spien (1)	51.35				
spilmanne (1)	99.03				
spîse (1)	99.03				
sporn (1)	67.07				
sprach (31)	19.19	21.05	35.12	35.20	41.16
	43.21	45.04	61.13	63.18	69.25
	73.04	77.32	79.11	79.29	81.11
	81.23	83.11	83.35	87.15	89.04
	91.02	91.10	93.02	95.15	97.17
	99.34	101.13	101.25	103.19	109.05
	109.26				
sprâchen (1)	49.28				
sprâchens (1)	63.23				
spranc (2)	55.03	101.07			
sprechen (1)	99.24				
sprechet (2)	41.20	41.22			
spriche (1)	33.18				
sprichet (1)	27.33				
stach (9)	45.19	63.02	65.01	67.11	67.15
	67.17	67.20	67.21	79.20	
stân (2)	47.23	59.16			
starc (1)	59.19				
starker (1)	41.31				
stat (4)	17.05	21.15	23.09	45.09	

stât (3)	17.22	35.33	95.23	
stæte (4)	29.04	29.27	29.33	35.03
stæteclîchen (2)	27.21	37.07		
stæteclîcher (1)	111.29			
stætekeit (2)	25.35	27.24		
stætem (1)	31.12			
stæten (1)	89.29			
stæter (1)	43.34			
stê (1)	89.21			
stechen (1)	63.29			
stecken (1)	51.23			
steine (1)	45.17			
stellet (1)	87.23			
steln (1)	31.10			
stichen (1)	69.23			
stiez (1)	101.09			
stille (1)	97.11			
stillet (1)	111.02			
stimme (2)	59.34	107.09		
stirne (2)	59.08	97.33		
stiure (2)	51.07	71.21		
stollen (1)	73.34			
stolzen (1)	17.08			
stôrte (1)	59.32			
strâze (1)	23.13			
strâzen (1)	53.14			
streben (1)	35.29			
strecken (1)	51.24			
streit (1)	105.24			
stricken (1)	59.13			
strît (4)	13.25	23.11	43.05	105.23
strîten (2)	13.33	111.18		
stunde (4)	21.02	35.07	79.23	107.05

stunden—swære

stunden (1)	15.02				
stunt (1)	25.28				
stuont (11)	17.33	25.12	27.12	27.15	49.25
	55.26	57.08	61.06	73.32	103.15
	107.26				
stuot (1)	67.26				
stürbe (2)	13.35	63.26			
sturm (1)	13.01				
sûbern (1)	45.27				
süeze (1)	27.29				
süezen (1)	31.02				
süezer (2)	39.16	107.22			
sühte (1)	21.07				
suln (1)	63.27				
sult (8)	29.17	41.18	41.29	43.03	73.08
	85.15	85.32	89.07		
sumer (1)	107.16				
sumeren (1)	107.06				
sünde (3)	63.14	83.17	111.01		
sunder (1)	29.03				
sunderlingen (1)	77.31				
sungen (2)	53.22	107.09			
suochte (1)	69.17				
suontage (1)	61.19				
sus (11)	25.11	35.25	37.20	37.24	41.01
	67.23	71.12	73.04	93.25	95.21
	99.11				
swâ (1)	25.13				
swachete (2)	13.18	15.05			
swan (1)	65.21				
swanne (1)	65.34				
swannen (1)	99.28				
swære (8)	19.31	21.32	33.10	35.35	59.01
	93.29	95.26	109.21		

swarz (1)	75.29				
swaz (22)	13.10	15.30	19.06	27.19	27.28
	27.34	29.08	29.15	33.30	35.04
	45.31	53.03	55.32	55.34	67.22
	69.19	69.20	73.01	83.34	87.30
	103.02	103.23			
swebete (1)	55.28				
swem (2)	31.05	87.19			
swen (1)	17.23				
swendet (2)	17.30	111.01			
swenne (4)	27.04	33.15	39.04	67.27	
swer (18)	23.03	29.10	29.24	29.30	31.28
	33.07	33.27	35.29	37.28	69.16
	69.25	71.35	87.21	105.35	107.21
	111.14	111.29	111.35		
swertes (1)	13.27				
swes (1)	103.07				
swie (11)	19.32	31.11	35.33	43.22	75.15
	77.20	79.12	81.05	89.13	95.25
	109.20				
swîgendes (1)	97.11				
switzen (1)	67.28				
swüere (1)	53.06				

T

tabûren (1)	59.28				
tac (12)	15.05	17.12	19.11	25.35	33.26
	39.21	43.31	57.12	69.18	73.28
	79.14	101.33			
tage (4)	11.18	13.34	83.20	111.08	
tages (4)	13.10	51.28	57.02	69.12	
tal (1)	21.24				
tæte (10)	27.07	29.05	31.33	37.19	43.29
	81.17	87.30	91.31	109.06	113.04
tâten (1)	25.10				

tâtens (1)	57.16				
tâtenz (1)	53.04				
tegelîchen (1)	13.19				
teil (2)	33.17	67.01			
tete (11)	21.08	27.16	73.10	77.21	93.33
	95.08	99.13	101.17	103.11	105.01
	105.33				
tetes (1)	15.18				
tiefe (1)	97.09				
tier (4)	55.08	59.03	75.02	75.32	
tihten (1)	111.35				
tiure (4)	71.22	75.27	83.32	101.28	
tiuschiu (1)	111.34				
tiuvel (1)	99.27				
tjuste (1)	69.05				
tôde (2)	63.02	79.20			
tohte (2)	13.29	65.16			
tôt (8)	19.24	23.18	37.19	39.12	43.14
	43.16	91.30	101.21		
tôten (1)	11.28				
tôtez (1)	83.23				
tôtlîchen (1)	109.13				
tougen (2)	53.04	73.19			
tougenlîche (1)	83.02				
trage (3)	37.25	105.15	111.07		
træge (1)	81.08				
tragen (3)	19.30	51.11	93.04		
tranc (2)	55.29	57.21			
trat (1)	99.18				
treip (1)	53.31				
treit (1)	75.03				
trîben (1)	47.30				
Troiære (2)	13.13	15.03			

Troie (7)	11.14	13.05	13.26	15.05	15.07
	21.30	23.16			
Trôilus (1)	11.22				
trôst (2)	39.16	85.07			
trôste (1)	15.04				
trôstes (1)	39.28				
troum (1)	53.06				
trouwe (1)	105.33				
trouwen (3)	27.26	97.17	109.34		
truckenem (1)	49.25				
trüege (2)	19.14	57.10			
trüegen (1)	57.01				
truoc (2)	59.07	75.32			
trûrec (1)	63.04				
trûregem (1)	95.02				
trûregen (2)	63.13	89.27			
trûren (2)	91.09	107.27			
trûrende (2)	81.06	107.34			
tücke (2)	39.26	111.14			
tüechenen (1)	49.08				
tüge (1)	33.28				
tugentlîche (1)	33.19				
tumber (1)	37.27				
tump (1)	37.02				
tuo (2)	45.06	97.04			
tuoch (1)	71.11				
tuochen (1)	51.33				
tuon (9)	19.09	23.07	29.07	31.27	57.18
	89.10	93.17	95.07	103.01	
tuont (2)	27.16	107.32			
tuot (8)	17.24	25.14	33.01	81.25	85.34
	93.16	103.14	111.14		
tür (2)	97.14	97.24			
türe (1)	59.21				

türlîn—umbe

türlîn (1)	65.30				
turnei (5)	45.09	45.34	63.25	67.04	71.17
turneies (1)	53.26				
turnieren (2)	27.01	27.05			
tûsent (2)	23.20	39.06			
twanc (3)	17.18	29.06	55.30		
twingen (2)	25.02	89.30			
twinget (1)	29.03				

U

übel (2)	19.02	19.05			
übele (2)	79.12	87.10			
über (15)	19.01	47.06	49.19	53.17	55.03
	63.16	63.31	65.03	65.34	69.15
	75.35	83.10	99.12	99.22	107.28
überhaben (1)	15.11				
übermuot (1)	19.06				
überwant (1)	105.24				
überwünde (1)	83.18				
ûf (42)	27.34	41.05	45.27	47.26	47.28
	47.29	49.14	51.11	51.23	53.33
	55.10	55.15	55.21	57.05	59.06
	59.16	59.23	61.04	63.12	65.12
	67.21	67.30	73.11	75.16	75.19
	77.26	79.07	79.22	85.07	85.23
	89.21	91.01	91.21	91.25	95.05
	95.12	97.25	99.10	99.21	101.07
	103.15	107.26			
ûfe (1)	77.12				
ûfem (2)	47.06	61.03			
ûfgeben (1)	35.30				
ûfstân (1)	87.03				
umbe (22)	11.19	15.11	15.21	31.35	33.35
	35.33	39.12	41.18	45.07	49.03
	49.22	59.05	61.27	69.14	81.06

umbevienc–ungemüete

	87.14	89.02	91.23	93.21	97.06
	105.02	105.15			
umbevienc (1)	45.28				
unbetrogen (1)	27.10				
unbetwungen (1)	89.13				
unbewant (1)	93.01				
unbewart (1)	83.26				
und (5)	33.27	45.30	55.35	57.15	105.04
unde (103)	11.02	11.08	11.21	11.22	11.28
	13.09	13.15	13.16	13.21	15.26
	15.28	17.18	17.22	17.31	21.07
	21.10	21.24	23.06	23.29	27.01
	27.08	27.10	27.11	27.23	27.29
	27.32	29.07	29.30	31.03	31.23
	31.31	31.32	33.26	33.29	33.31
	37.16	39.29	43.06	43.09	43.25
	45.03	47.16	49.11	49.27	51.02
	51.07	51.14	51.33	51.35	53.22
	53.28	53.30	55.18	55.28	57.25
	57.27	59.19	59.29	59.35	63.29
	63.32	65.07	67.06	67.12	67.35
	71.04	73.28	75.17	75.25	77.24
	77.25	77.29	79.01	81.07	81.08
	85.20	89.10	89.33	91.11	93.07
	95.05	95.19	97.35	99.16	101.13
	101.24	103.01	103.05	103.11	103.33
	105.12	105.20	105.30	105.35	107.08
	107.10	107.15	107.22	109.14	109.30
	111.06	111.08	113.05		
ünde (1)	111.02				
under (8)	21.23	55.17	67.10	67.19	67.28
	71.13	75.04	75.26		
undertân (1)	109.14				
underwant (1)	87.17				
unerwert (1)	27.20				
ungelônet (1)	83.16				
ungeloube (1)	39.27				
ungemach (2)	21.04	111.10			
ungemüete (1)	59.32				

ungesaget—unt

ungesaget (1)	103.13				
ungevüegen (1)	37.26				
unheil (1)	79.18				
unhövescheit (1)	85.21				
unlange (3)	71.26	81.35	99.13		
unmære (2)	33.32	97.19			
unmâze (1)	23.14				
unmâzen (2)	15.23	55.22			
unnütze (1)	91.11				
unrehter	105.23				
unreine (1)	31.29				
uns (5)	85.28	85.35	89.09	99.27	99.30
unsanfte (1)	91.03				
unser (4)	31.21	85.30	87.35	95.22	
unstæte (5)	29.32	31.04	31.28	87.29	91.32
unstæter (1)	31.11				
unt (108)	11.05	11.20	11.26	13.01	17.12
	19.10	19.14	19.28	21.09	21.13
	21.20	23.30	23.35	25.03	25.06
	25.16	25.27	27.09	27.13	27.18
	29.02	29.33	33.13	33.33	35.11
	37.06	39.18	41.10	45.26	45.31
	47.09	47.18	49.04	49.34	51.24
	53.16	53.20	55.07	57.04	57.19
	57.32	59.06	59.17	59.24	59.26
	59.29	61.03	61.07	63.19	63.34
	65.01	67.13	69.15	69.20	69.23
	69.27	71.21	73.12	73.35	75.01
	75.04	75.10	75.14	77.01	77.03
	77.12	79.15	79.23	81.09	81.14
	81.16	81.21	81.28	87.24	89.22
	89.30	89.34	91.05	91.23	93.03
	93.22	93.25	95.13	95.18	95.28
	95.33	97.08	97.10	97.14	97.17
	97.23	97.26	99.17	99.23	101.07
	101.09	103.16	103.29	103.33	105.08
	105.10	105.33	109.03	109.19	109.23
	109.26	111.25	111.32		

unverwizzen (1)	103.21				
unvrô (3)	41.17	63.10	93.19		
unvröude (1)	107.13				
unwîplîcher (1)	91.16				
unwîser (1)	39.29				
unwizzenden (1)	91.21				
unz (9)	15.06	17.34	35.07	77.18	93.33
	97.05	103.25	105.24	111.25	
Üppec (1)	31.23				
üppeger (1)	49.24				
üppiger (1)	31.31				
urbor (1)	13.14				
urloup (3)	41.21	45.24	103.32		
ûz (13)	13.31	21.17	33.25	41.09	43.20
	55.06	57.34	59.34	65.30	75.06
	75.25	95.24	99.01		
ûze (1)	65.01				
ûzen (1)	47.21				
ûzene (1)	53.02				
ûzer (1)	65.05				
ûzeren (1)	49.01				
ûzerhalben (1)	65.24				

V

vâhents (1)	87.25		
væhet (1)	77.01		
vaht (1)	67.24		
vâhten (1)	13.22		
valschen (1)	17.02		
valten (1)	113.03		
vander (1)	21.25		
vane (1)	53.09		
vant (3)	11.10	25.30	73.04

var—verdrôz

var (1)	41.11				
vare (2)	89.22	97.01			
varen (5)	49.19	51.32	53.16	89.34	93.07
varn (4)	23.27	43.19	45.26	111.33	
varnden (1)	69.33				
varnder (2)	55.34	69.01			
vart (5)	51.03	63.13	73.06	79.21	79.30
varwe (2)	41.08	105.11			
vaste (4)	31.01	49.12	59.14	73.24	
vedere (2)	75.27	75.31			
vêhen (1)	15.16				
vêhet (1)	37.08				
vehten (1)	67.35				
vehtennes (1)	61.29				
veile (1)	29.27				
velde (2)	61.25	65.02			
Veldeken (1)	77.09				
vellet (1)	87.24				
velt (4)	11.25	47.06	53.17	53.32	
venster (3)	61.09	73.29	107.31		
Vênus (1)	77.13				
verbarc (1)	59.20				
verbære (1)	33.11				
verbir (1)	37.15				
verbôt (1)	91.29				
verbran (1)	23.26				
verbrennen (1)	75.09				
verdaht (1)	59.21				
verdecket (2)	65.22	65.25			
verderbent (1)	31.25				
verdiene (1)	45.07				
verdirbe (1)	37.17				
verdrôz (3)	15.19	41.15	81.12		

verdürbe (1)	63.25				
verende (1)	19.27				
verendet (1)	29.25				
vergebene (3)	17.30	53.23	109.12		
vergienc (1)	41.10				
vergilte (1)	103.30				
vergolten (1)	93.30				
verhert (1)	31.18				
verhouwen (1)	99.17				
verkouft (1)	89.01				
verliesen (2)	97.20	99.31			
verloren (1)	49.32				
verlorn (6)	35.14 105.21	85.12	87.04	91.15	95.21
verlüre (1)	91.08				
verlurn (2)	15.03	15.32			
verlürn (1)	87.05				
verlust (1)	33.13				
vermîden (2)	35.28	49.23			
vermiten (2)	39.33	55.12			
vernam (2)	83.19	97.15			
vernâmen (1)	61.24				
vernæmen (1)	57.15				
vernan (1)	83.06				
vernemen (2)	57.06	97.23			
vernemet (6)	19.11 73.33	21.27	41.07	47.11	73.13
vernomen (4)	11.01	43.18	71.34	109.28	
verre (5)	65.13	67.19	75.35	83.19	87.17
verren (1)	49.27				
verritzen (1)	59.10				
versehen (2)	39.19	89.07			
versinnen (1)	79.33				

verslîzen (1)	109.10				
versneit (1)	51.10				
versüenen (1)	95.23				
versunnen (1)	17.10				
versuochen (1)	39.13				
verswant (1)	57.02				
vert (1)	31.17				
vertæte (1)	81.32				
vertete (1)	69.02				
vertragen (1)	41.19				
vertreip (1)	17.14				
vertuon (1)	51.28				
verzage (1)	61.18				
veste (3)	55.22	59.01	95.25		
viel (1)	67.22				
vienc (1)	21.27				
vier (1)	75.11				
vierden (2)	67.14	71.04			
viere (1)	87.33				
vihe (1)	17.28				
vil (45)	13.31	13.35	17.26	21.34	25.07
	25.35	27.22	27.30	29.18	31.04
	31.15	31.18	33.19	33.26	35.17
	37.09	39.29	41.02	41.24	43.11
	43.25	45.28	47.09	53.27	57.31
	59.14	61.28	63.06	63.17	63.33
	69.28	69.33	71.26	75.17	79.31
	81.15	83.27	87.20	93.22	95.10
	97.09	97.30	99.06	99.09	105.05
vilz (1)	57.31				
vinde (2)	37.10	37.14			
vinger (1)	45.20				
vingerlîn (2)	45.16	103.17			
virre (1)	31.24				
viure (2)	23.13	57.06			

Vlander (1)	47.31				
vliehe (1)	29.32				
vliehent (1)	15.29				
vliezen (1)	47.17				
vlins (1)	39.24				
vliuhet (1)	15.17				
vlîz (1)	49.07				
vlîze (1)	65.11				
vlîzeclîche (1)	63.17				
vlôz (1)	65.34				
vluochen (1)	105.22				
vluochet (1)	79.23				
vogele (2)	67.10	107.22			
vogelîn (1)	107.07				
vogelsange (1)	109.03				
vol (2)	55.26	61.09			
volbrâhte (1)	19.03				
volbræhte (1)	75.23				
volgeten (1)	53.18				
volzieret (1)	65.15				
von (73)	11.03	11.07	13.05	17.01	17.14
	23.09	23.28	23.32	25.29	25.32
	27.19	31.21	33.16	33.22	35.07
	35.23	37.14	37.21	37.23	37.31
	43.08	43.15	45.29	45.32	47.04
	49.22	51.16	55.20	57.09	57.26
	57.29	61.33	65.10	69.01	69.11
	69.23(2)	71.34	73.30	75.01	75.08
	75.20	75.29	75.34	77.09	77.30
	79.19	85.05	85.11	85.27	87.07
	87.09	89.03	89.31	89.35	91.08
	95.27	95.29	95.35	97.33	101.32
	103.16	105.07	105.13	105.31	107.33
	109.15	111.07	111.10	111.20	111.21
	111.27	111.28			
vor (23)	11.25	13.26	15.01	21.29	27.28
	29.14	35.35	37.12	39.02	39.31

vorderlîche--vrouwen 80

	55.35	63.04	67.22	67.27	71.14
	75.28	81.31	91.26	99.08	101.06
	105.01	107.24	107.25		
vorderlîche (1)	33.15				
vorhte (7)	13.25	21.04	41.08	89.31	91.22
	91.26	99.32			
vorhten (3)	15.01	83.02	101.06		
vorne (2)	13.22	65.29			
vornen (1)	21.01				
vrâgete (1)	77.28				
vreche (1)	101.23				
vreise (1)	23.32				
vreissamen (1)	67.08				
vremede (2)	15.12	77.24			
vremediu (1)	93.09				
vrî (2)	41.23	87.27			
vriste (1)	29.03				
vriunden (1)	67.19				
vriunt (1)	107.01				
vrô (8)	35.19	39.18	45.15	57.17	79.17
	81.22	111.03	111.05		
vrôlîchen (1)	73.10				
vrome (1)	81.15				
vrou (3)	75.22	77.03	77.13		
vröude (7)	17.11	35.09	39.01	39.03	43.10
	59.31	107.21			
vröuden (3)	25.13	33.33	109.06		
vrouwe (35)	35.25	39.08	41.17	41.19	41.21
	41.23	41.27	41.32	41.34	43.05
	43.12	43.21	45.21	69.04	73.05
	73.12	79.04	79.26	81.14	81.19
	83.01	83.11	85.04	85.15	87.01
	91.04	91.13	93.15	93.19	95.07
	95.17	97.18	99.26	107.26	109.25
vrouwen (16)	11.15	25.21	25.26	35.05	37.11
	41.15	53.28	61.09	69.03	83.06

	93.23	95.03	99.18	103.11	109.19
	109.35				
vrume (1)	99.02				
vrumen (1)	23.18				
vruo (2)	97.05	107.23			
vüege (1)	45.11				
vüere (1)	29.27				
vüeren (2)	55.13	61.21			
Vulcânus (1)	75.08				
vunde (1)	41.12				
vünde (2)	15.09	81.19			
vünfte (1)	71.06				
vünften (1)	67.15				
vuoder (1)	51.14				
vuor (6)	53.25	59.03	59.25	69.14	73.12
	103.33				
vuore (1)	31.17				
vuoren (1)	57.23				
vuorte (2)	61.02	73.21			
vuorten (1)	11.29				
vür (23)	11.02	13.02	19.10	27.18	29.17
	31.26	33.13	35.18	35.24	39.23
	45.09	57.06	57.32	61.20	63.01
	65.31	71.25	95.11	97.34	105.14
	111.15	111.19	111.30		
vürbaz (5)	13.04	67.13	67.29	83.08	99.14
vüre (1)	59.22				
vürhte (3)	49.33	87.18	89.16		

W

wâ (6)	11.07	21.15	31.32	41.28	43.19
	73.13				
wachen (1)	79.26				
wachet (1)	93.13				

wagen—wâren

wagen (1)	47.14				
wâgen (1)	45.01				
wâget (1)	101.28				
wahsen (1)	19.34				
walde (1)	107.07				
walt (1)	107.15				
wambes (2)	57.29	99.15			
wamsel (2)	65.03	71.25			
wan (36)	13.34	15.15	19.03	23.28	25.15
	25.22	25.30	27.01	27.30	29.20
	31.14	31.25	33.06	35.29	37.10
	39.02	45.12	57.06	59.02	63.06
	65.19	65.32	67.05	75.12	77.08
	81.13	87.02	89.12	91.29	93.06
	93.16	95.09	97.03	99.11	105.33
	107.03				
wân (3)	17.02	29.06	43.16		
wânde (2)	91.04	111.17			
wandel (1)	105.11				
wâne (1)	89.35				
wæne (4)	61.15	75.22	85.22	101.31	
wange (1)	109.02				
wannen (1)	95.15				
want (2)	47.20	49.01			
wâpen (3)	51.06	55.11	65.08		
wâpenden (1)	57.25				
war (5)	11.08	15.11	41.04	41.18	73.02
wâr (4)	13.02	29.17	63.01	75.14	
wære (33)	11.04	19.05	19.13	19.32	21.16
	29.09	39.17	43.27	53.06	53.20
	57.11	59.02	63.24	67.26	71.16
	77.20	79.04	79.05	81.04	83.17
	83.26	85.35	87.31	89.01	89.08
	91.04	93.09	95.25	95.28	101.15
	101.21	109.20	111.13		
wâren (17)	23.19	49.06	49.21	51.15	51.25
	55.18	55.23	71.33	73.23	73.34

waeren—wecket

	75.02	75.07	75.10	75.18	75.19
	75.31	77.04			
wæren (2)	73.29	103.26			
wârens (1)	51.09				
wârheit (3)	37.31	83.12	109.31		
wârlîche (1)	93.14				
wârlîchem (1)	11.03				
wart (35)	11.12	15.14	15.20	23.17	23.30
	25.07	35.09	35.13	37.04	41.12
	45.15	47.07	51.01	51.04	53.11
	57.03	57.17	57.27	59.30	61.27
	61.28	61.30	63.14	63.31	63.33
	65.05	65.35	69.28	71.10	71.13
	79.22	83.07	85.10	85.13	97.16
warte (1)	71.27				
warten (1)	73.15				
was (70)	13.08	13.20	13.26	15.33	17.03
	17.07	17.15	19.02	21.08	21.11
	23.23	23.28	23.35	25.24	25.34
	27.02	27.03	27.09	47.14	47.26
	49.16	49.20	49.24	51.05	51.21
	51.26	53.01	55.02	55.04	55.09
	55.11	55.15	55.16	55.27	55.34
	59.15	59.19	65.11	65.30	65.33
	67.05	67.22	67.32	69.22	71.17
	71.29	73.26	75.28	77.05	77.22
	77.26	81.29	91.26	91.30	95.11
	95.27	97.13	97.29	97.30	97.34
	99.06	99.15	101.19	107.05	107.12
	107.18	107.29	107.35	109.17	109.24
waz (25)	13.05	17.11	17.29	21.29	23.16
	35.26	37.25	39.03	41.20	41.22
	49.28	49.35	53.20	57.18	61.26
	63.20	63.26	81.02	93.05	95.16
	97.02	97.23	103.11	103.12	103.14
wazzer (1)	71.16				
wê (3)	27.30	41.27	103.28		
wecken (1)	83.05				
wecket (1)	89.12				

weder—wert 84

weder (2)	37.13	79.17			
wederthalp (1)	27.06				
wege (4)	47.24	47.30	73.06	97.01	
weich (2)	75.17	95.29			
weichen (1)	57.31				
weinde (2)	63.06	97.10			
weinet (1)	79.15				
weise (1)	23.31				
weist (4)	61.13	87.11	87.14	97.02	
weiz (8)	29.11	37.04	37.12	79.32	83.12
	101.15	103.11	109.34		
welch (1)	25.09				
welhen (1)	19.19				
welher (1)	47.11				
welle (2)	39.14	49.34			
welt (1)	41.33				
welte (1)	33.25				
wem (1)	109.11				
wen (1)	69.31				
wende (1)	73.23				
wendet (1)	29.24				
wênic (1)	13.29				
wer (2)	99.34	101.15			
werc (3)	13.24	61.21	75.23		
werde (2)	27.17	39.15			
werden (8)	35.19	43.01	63.08	79.08	79.17
	85.06	103.20	111.03		
werder (1)	25.30				
were (1)	47.05				
werken (1)	19.08				
werlde (5)	17.27	17.32	31.04	31.17	35.13
werlt (3)	17.22	85.26	87.11		
wert (2)	11.05	25.16			

werte (1)	21.06				
werten (2)	11.24	13.14			
wes (1)	45.08				
wesen (8)	11.05	31.14	37.20	43.04	49.35
	77.08	85.20	87.27		
wîbe (5)	19.13	19.35	83.14	105.19	111.18
wîben (4)	33.22	37.23	85.28	87.07	
wîbes (3)	19.10	45.23	87.11		
wider (17)	11.29	37.08	39.22	39.26	43.21
	79.29	85.19	89.20	89.25	93.08
	93.21	95.03	97.21	101.25	103.19
	109.23	109.26			
widergelt (1)	11.26				
widerstrît (1)	107.11				
widervare (1)	29.15				
widervarn (1)	33.21				
widervert (1)	27.19				
widerwere (1)	13.01				
wie (22)	13.13	19.11	19.13	21.27	29.14
	31.22	35.28	37.06	37.11	39.07
	41.07	41.16	47.02	49.30	73.33
	81.32	85.05	85.31	87.22	91.06
	105.19	107.02			
wîgande (1)	13.30				
wîgant (1)	103.15				
wiht (1)	31.29				
wil (32)	23.07	29.31	31.03	35.18	35.29
	35.32	39.13	43.15	43.23	43.26
	43.32	45.14	49.31	79.16	85.08
	87.26	87.27	89.03	91.17	93.26
	95.18	97.05	97.18	97.20	97.22
	97.31	99.35	101.16	103.02	103.20
	105.22	111.35			
wîl (3)	13.15	17.22	81.10		
wilde (1)	27.35				
wildez (1)	55.08				
wîle (2)	105.28	109.27			

wille—wol

wille (1)	43.31				
willen (2)	69.27	111.15			
wilt (2)	19.20	95.16			
winden (1)	55.10				
wînes (1)	55.26				
wîp (13)	19.09	33.01	33.09	33.30	37.15
	63.01	81.02	85.35	89.11	95.20
	99.32	103.26	107.32		
wir (8)	11.06	13.06	63.27	63.29	87.02
	89.10	91.12	99.31		
wirbe (1)	37.16				
wirt (14)	19.23	19.26	27.25	27.27	27.32
	35.34	43.34	79.34	81.15	85.24
	87.09	95.31	95.33	101.06	
wis (1)	45.13				
wise (1)	55.02				
wîse (2)	27.11	77.20			
wîselôs (1)	89.33				
wîser (1)	95.35				
wîsheit (1)	47.09				
wiste (3)	51.30	57.18	81.04		
wîste (1)	65.08				
wît (3)	21.15	51.02	65.07		
wîte (1)	53.16				
wîten (2)	15.27	45.35			
witze (2)	77.21	101.24			
wîz (2)	57.34	59.12			
wîzen (3)	103.16	109.01	109.11		
wizzen (2)	29.17	41.03			
wizzet (5)	43.07	43.29	89.14	103.14	109.33
wol (48)	11.16	13.28	17.25	21.10	21.35
	27.09	27.13	27.15	29.11	29.29
	31.12	35.21	37.02	37.04	43.04
	43.25	49.09	49.23	53.06	55.19
	55.24	55.33	57.01	61.08	61.14
	63.05	65.07	65.14	65.16	69.07

	69.26	71.34	73.16	73.24	75.30
	79.32	83.12	83.27	85.25	91.17
	99.02	103.14	103.24	105.06	105.09
	105.12	109.01	109.05		
wolde (14)	21.18	33.23	45.21	49.17	51.27
	59.17	61.03	79.05	83.04	83.21
	91.05	95.07	101.30	109.23	
wolden (2)	51.32	53.29			
wolgemuot (1)	27.17				
worhte (2)	13.24	41.09			
wort (2)	41.13	113.02			
worten (1)	15.10				
wüeste (3)	15.06	23.17	23.25		
wüetende (1)	99.29				
wunden (1)	15.01				
wunder (8)	15.07	21.25	47.07	61.16	63.24
	101.08	101.19	101.31		
wunderlich (2)	49.20	51.26			
wunderlîchen (1)	47.04				
wunderte (2)	19.15	21.14			
wunneclich (1)	79.01				
wünschen (1)	105.17				
wuohs (1)	19.29				
wuoten (1)	13.34				
würbe (1)	33.17				
wurben (1)	11.18				
würde (5)	47.10	81.22	87.08	95.29	105.26
wurden (5)	55.24	57.13	63.03	63.10	71.02

Z

zage (2)	13.29	13.35
zagel (1)	49.11	
zal (1)	21.25	

zaldez—zerstœret

zaldez (1)	33.14				
zallen (3)	13.32	15.02	35.05		
zaller (2)	25.28	79.23			
zam (1)	27.35				
zandern (1)	111.17				
ze (52)	11.09	11.11	11.13	15.04	15.07
	15.14	17.13	17.29	21.24	21.30
	21.34	23.16	23.34	25.04	25.13
	27.04	27.12	29.26	33.14	35.01
	35.16	35.23	39.32	41.35	43.15
	43.34	47.17	47.24	47.31	49.18
	53.17	57.10	61.25	63.02	65.11
	67.34	69.05	69.19	71.05	71.21
	79.20	87.19	89.22	89.32	91.02
	93.29	93.31	97.30	101.03	105.18
	111.11	111.19			
zebrast (1)	71.07				
zehant (11)	15.17	17.15	47.19	49.14	51.20
	55.01	61.32	63.09	81.28	91.01
	109.26				
zehenden (2)	67.21	71.11			
zeher (1)	95.05				
zeichende (1)	45.22				
zeime (1)	61.29				
zem (6)	49.10	57.14	69.17	71.10	71.11
	101.13				
zendâle (1)	55.20				
zendâte (1)	65.22				
zer (3)	35.13	97.14	99.18		
zerbrach (1)	21.28				
zerbrochen (1)	99.15				
zergân (1)	41.32				
zergangen (1)	71.17				
zergienc (1)	45.29				
zerslagen (1)	85.09				
zerstœret (1)	11.12				

zesamene (2)	75.13	113.03			
zesnîden (1)	21.20				
zestunt (1)	45.24				
zêter (1)	99.25				
zewâre (3)	79.02	91.22	93.17		
ziechen (1)	75.19				
ziehe (1)	29.33				
ziehen (1)	51.31				
zîhe (1)	39.31				
zil (1)	53.26				
zim (1)	95.24				
zin (1)	97.22				
zins (1)	39.23				
zinsete (1)	15.34				
zir (3)	73.08	89.04	93.21		
zît (10)	21.14	31.31	37.03	43.06	73.06
	89.12	93.14	103.25	105.22	107.12
zîte (1)	53.17				
zîten (5)	13.32	23.23	35.05	69.10	111.17
ziuwerm (2)	93.08	103.28			
zobele (1)	75.29				
zôch (5)	57.28	59.11	65.03	71.20	71.24
zôchs (1)	45.18				
zorn (8)	59.30	67.08	85.25	91.16	93.24
	95.22	97.07	103.04		
zorne (2)	13.23	99.01			
zornec (1)	81.08				
zornes (2)	39.23	91.22			
zouwe (1)	79.12				
zunge (1)	111.34				
zuo (19)	11.29	21.05	29.28	55.30	57.21
	59.21	65.27	69.10	69.24	73.08
	73.20	81.03	93.21	95.03	95.24
	97.04	97.22	101.18	101.22	

zwei–zwo

zwei (4)	67.03	73.31	77.31	113.03
zweier (2)	79.27	87.35		
zwein (3)	25.09	57.19(2)		
zwischen (1)	51.33			
zwîvalt (1)	33.03			
zwîvel (1)	41.05			
zwîvels (1)	35.08			
zwô (2)	57.34	71.02		

REIMREGISTER
ZU
Moriz von Craûn

A

abe (1)
   habe   71.19

aber (1)
   er   103.06

adamas (1)
   was   95.27

affest (1)
   klaffest   97.02

ahte (1)
   erdâhte   47.12

ähte (2)
   rehte   65.25   81.01

al (1)
   bal   69.14

albesunder (1)
   wunder   63.24

Alexander (1)
   einander   15.29

alle (2)
   schalle   55.05   65.27

allen (2)
   gevallen   27.13   111.27

allenthalben (1)
   salben   41.29

allenthalp (1)
   alp   91.24

allertegelich (1)
   sich   15.26

alp (1)
   allenthalp   91.23

alsame (1)
   rame   47.25

alsô (1)
   vrô   81.22

alsus (1)
   Vulcânus   75.08

alt (1)
   engalt   15.24

alterseine (1)
   beine   71.31

âmaht (1)
   naht   101.10

an (5)
   buggeran   57.29
   dan   101.17
   enkan   75.09
   man   17.26
   schifman   55.07

anderswâ (1)
   dâ   25.22

ane (1)
   vane   53.09

âne (1)
   wâne   89.35

anebrîsen (1)
   îsen   57.34

anestê (1)
   mê   85.30

anestôzen (1)
   grôzen   23.11

ar (1)
   schar   67.10

arbeit (5)
   bereit   83.22
   erleit   45.31
   leit   35.12   105.14
   stætekeit   27.24

armen (2)
   erbarmen   93.27
   erwarmen   103.10

arn (4)
   varn   23.27   43.19
            45.26   111.33

arzât (2)
   rât   19.26   43.01

arzâte (1)			beginnet (1)		
drâte	19.17		minnet	15.15	
			begunde (4)		
B			stunde	21.02	35.07
				79.23	107.05
			begunnen (1)		
bal (1)			versunnen	17.10	
al	69.15		beide (2)		
balde (1)			leide	63.04	99.06
walde	107.07		beine (2)		
balt (1)			alterseine	71.32	
zwîvalt	33.03		eine	99.19	
bant (2)			beiten (1)		
zehant	49.14	51.20	leiten	59.23	
barn (1)			bekant (3)		
missevarn	91.12		bewant	85.25	
bat (2)			lant	25.17	
stat	23.09	45.09	unbewant	93.01	
bæte (1)			bekêre (1)		
hæte	73.01		êre	31.19	
baz (5)			bekomen (1)		
daz	41.03	87.14	benomen	87.09	
	113.04		beleip (1)		
gesaz	25.13		vertreip	17.14	
saz	77.23		belîben (3)		
Bêamunt (1)			geschrîben	13.07	
stunt	25.28		wîben	33.22	37.23
bedâht (1)			benæme (1)		
brâht	35.22		quæme	81.20	
began (4)			benomen (3)		
bequan	11.08		bekomen	87.10	
man	19.33	27.32	gevromen	83.34	
quan	61.33		komen	101.22	
begân (1)			bequan (1)		
lân	103.01		began	11.07	
begienc (1)			berc (1)		
vienc	21.27		werc	61.21	
beginne (1)			bereit (3)		
minne	111.29		arbeit	83.21	

stætekeit	25.35		
wîsheit	47.09		
beriete (1)			
diete	55.34		
bescheiden (1)			
leiden	85.32		
bescheinde (1)			
weinde	63.06		
beschiezen (1)			
vliezen	47.17		
besunder (1)			
wunder	15.07		
betaget (1)			
saget	101.32		
bete (3)			
krete	19.28		
tete	93.33		
vertete	69.02		
betrâgete (1)			
gevrâgete	103.07		
betwanc (1)			
danc	15.32		
bevienc (1)			
gienc	49.03		
bewant (1)			
bekant	85.24		
beware (2)			
vare	89.22		
widervare	29.15		
bewarn (2)			
ervarn	83.27		
widervarn	33.21		
bî (6)			
drî	71.03		
sî	27.34	31.27	
	63.20	73.33	
	99.28		
bîhte (1)			
lîhte	87.32		

bin (4)			
gewin	89.02		
in	43.21		
sin	37.03	43.08
binnen (1)			
innen	73.28		
bite (1)			
mite	31.25		
bîten (1)			
zîten	35.05		
blanc (1)			
gedanc	51.26		
blanken (1)			
danken	69.07		
blicke (1)			
dicke	13.26		
blicte (1)			
erschricte	99.09		
blôz (3)			
genôz	89.29		
grôz	75.17		
verdrôz	15.19		
blüete (1)			
gemüete	107.20		
bluot (1)			
gemuot	97.32		
bote (1)			
gote	95.18		
boumgarten (1)			
warten	73.15		
brâht (1)			
bedâht	35.21		
brâhte (2)			
gedahte	39.04		
nahte	69.21		
Brandân (1)			
getân	61.14		

breit—dicke

breit (2)
   geleit   55.17
   gereit   69.29

brennet (1)
   erkennet   29.10

brimme (1)
   stimme   107.09

bringe (1)
   gelinge   29.29

bringen (1)
   dingen   49.30

briute (1)
   liute   53.18

brüste (1)
   gelüste   21.22

brûtlouft (1)
   verkouft   89.01

büezen (1)
   müezen   23.01

buggeran (1)
   an   57.28

burcmûren (2)
   tabûren   59.28
   trûren   107.27

C

Cassandrâ (1)
   dâ   75.21

Cêsar (1)
   dar   17.15

Craûn (2)
   garzûn   45.33
   rûn   57.27

D

dâ (3)
   anderswâ   25.23
   Cassandrâ   75.22
   sâ   99.33

dach (1)
   sach   65.04

dan (1)
   an   101.16

danc (1)
   betwanc   15.31

danken (1)
   blanken   69.06

dar (8)
   Cêsar   17.16
   gar   59.08   69.32
      109.19
   gevar   65.21
   gewar   83.07
   war   41.04   73.02

darunde (1)
   kunde   59.10

daz (7)
   baz   41.02   87.13
      113.05
   saz   73.11
   vürbaz   13.04   99.14
   waz   103.11

deckelachen (1)
   machen   75.26

Deiphobus (1)
   Trôilus   11.22

denne (1)
   etewenne   77.28

dich (1)
   mich   45.06

dicke (1)
   blicke   13.27

Dîdô (1)
  Kartagô   77.02
diebe (1)
  liebe   43.33
dieben (1)
  lieben   31.05
diete (2)
  beriete   55.33
  miete   67.35
diln (1)
  siln   51.34
dîn (1)
  sîn   45.02
dinc (1)
  messinc   49.21
dingen (5)
  bringen   49.31
  Kerlingen   23.34   27.04
  sunderlingen   77.31
  twingen   89.30
dir (1)
  mir   85.15
dô (3)
  unvrô   63.10
  vrô   35.19   57.17
doch (1)
  noch   87.08
dol (1)
  wol   105.12
dôz (1)
  grôz   59.33
drâte (5)
  arzâte   19.18
  hâte   57.22   91.19
          103.18
  kemenâte   97.27
drî (1)
  bî   71.04

dritten (1)
  enmitten   67.14
driu (1)
  iu   87.01
drouwen (1)
  vrouwen   37.11
dructe (1)
  ructe   97.25
dû (1)
  nû   95.16
durchstochen (1)
  zerbrochen   99.15

E

ê (1)
  mê   103.33
Ector (1)
  urbor   13.14
einander (1)
  Alexander   15.30
eine (6)
  beine   99.20
  gesteine   73.30
  kleine   33.24   35.09
          65.33   79.31
einen (1)
  meinen   45.21
ellen (1)
  gellen   25.04
eln (1)
  gezeln   71.01
empfangen (1)
  spangen   55.23
enbære (1)
  wære   81.04
enbor (1)
  vor   55.35

enbrast (1)
    mast   51.18

ende (4)
    gebende   77.19   111.26
    missewende   39.09
    wende   73.23

endelîche (2)
    rîche   23.06   39.18

enden (1)
    erwenden   19.07

Ênêas (1)
    was   13.20

enein (1)
    erschein   57.12

engalt (1)
    alt   15.23

enkan (2)
    an   75.10
    man   41.31

enkunden (1)
    gewunden   57.04

enmac (1)
    lac   99.07

enmitten (1)
    dritten   67.13

enpfân (1)
    hân   35.17

enpfant (1)
    hant   95.13

Entecrist (1)
    ist   61.16

entwelte (1)
    kelte   71.25

entwenken (1)
    gedenken   35.31

entwerte (1)
    herte   71.24

entwîche (1)
    guotlîche   103.03

entwichen (1)
    stichen   69.23

enzît (1)
    gelît   107.04

er (2)
    aber   103.05
    maser   55.28

erbarmen (1)
    armen   93.26

erblichen (1)
    geslichen   91.25

erdâhte (2)
    ahte   47.11
    volbrâhte   19.03

erden (1)
    werden   79.08

êre (9)
    bekêre   31.20
    mêre   43.35   85.18
                      103.30   109.08
    sêre   13.19   15.22
                      93.22   105.05

êren (3)
    gêren   71.11
    kêren   59.26
    Nêren   17.34

êret (1)
    kêret   107.01

ergân (2)
    getân   109.01
    hân   93.10

ergât (1)
    lât   87.21

ergeben (1)
    leben   97.19

ergetze (1)
    gesetze   111.05

ergraben (1)		erschracte (1)	
erhaben	75.02	erwacte	77.14
erhaben (1)		erschricte (1)	
ergraben	75.01	blicte	99.10
erkande (1)		erslagen (1)	
lande	35.23	sagen	99.35
erkant (1)		ervarn (1)	
lant	53.10	bewarn	83.28
erkennet (1)		ervinden (1)	
brennet	29.11	erwinden	21.18
erkôs (1)		erwachte (1)	
wîselôs	89.33	gemachte	99.25
erkurn (1)		erwacte (1)	
verlurn	15.03	erschracte	77.15
erlangen (1)		erwarmen (1)	
gegangen	97.13	armen	103.09
erleit (1)		erwelt (1)	
arbeit	45.30	helt	73.21
erlîden (1)		erwenden (1)	
zesnîden	21.20	enden	19.08
erliten (1)		erwern (1)	
vermiten	39.33	ernern	39.08
erlôst (2)		erwinde (1)	
trôst	39.16 85.07	gesinde	23.08
erloubet (1)		erwinden (1)	
houbet	81.26	ervinden	21.19
ernern (1)		esterich (2)	
erwern	39.07	sich	77.27 99.22
ernerte (1)		etewenne (1)	
werte	21.06	denne	77.29
erschein (2)			
enein	57.13		
schinebein	101.09	**F G**	
erschellet (1)			
gevellet	63.34	Francrîche (1)	
erschrac (1)		ritterlîche	53.24
lac	101.07		

gâch–gehangen

gâch (2)				geborn (3)		
nâch	67.06	87.20		verlorn	35.14	85.12
galiotten (1)					105.21	
rotten	59.35			geborne (1)		
galt (1)				zorne	99.01	
gestalt	75.28			gebôt (1)		
gân (7)				nôt	29.09	
gestân	109.22			gebrant (1)		
getân	73.16	79.10		verswant	57.02	
	81.02	97.23		gebrochen (1)		
hân	111.20			gerochen	111.22	
stân	47.23			gebüezen (1)		
gar (5)				grüezen	91.05	
dar	59.07	69.33		gedâht (1)		
	109.18			naht	81.30	
gevar	51.06			gedâhte (1)		
var	41.11			brâhte	39.03	
garwe (1)				gedanc (3)		
varwe	105.11			blanc	51.25	
garzûn (1)				lanc	25.24	
Craûn	45.32			sanc	107.22	
gât (2)				gedenken (1)		
rât	79.27			entwenken	35.32	
stât	95.23			gedenket (1)		
gê (1)				henket	31.07	
stê	89.21			gedrenge (1)		
gebære (2)				lenge	61.26	
wære	19.13	21.16		gedrollen (1)		
gebe (2)				stollen	73.34	
lebe	85.22	105.28		gefieret (1)		
gebeine (1)				gezieret	61.07	
kleine	21.13			gegangen (3)		
geben (3)				erlangen	97.12	
leben	27.02	39.12		gehangen	97.35	107.29
	43.24			gegert (1)		
gebende (2)				gewert	27.25	
ende	77.18	111.25		gehangen (2)		
gebeten (1)				gegangen	97.34	107.30
getreten	95.10					

geharmschart–genant

geharmschart (1)			
wart	37.04		
geheiz (1)			
weiz	37.12		
gehôrsam (1)			
zam	27.35		
geil (1)			
unheil	79.18		
gekêret (1)			
gemêret	77.05		
geklaget (1)			
maget	109.17		
gekleit (1)			
versneit	51.10		
gelac (3)			
pflac	13.16		
tac	15.05	69.18	
geladen (1)			
schaden	85.26		
gelân (1)			
getân	21.34		
gelæze (1)			
sæze	65.19		
geleit (3)			
breit	55.18		
kleit	107.15		
treit	75.03		
gelich (1)			
sich	57.25		
gelîch (1)			
Heinrîch	77.09		
gelîche (2)			
rîche	51.21	61.30	
gelîchen (1)			
rîchen	17.05		
geliez (1)			
hiez	25.33		
gelinge (1)			
bringe	29.28		
gelît (1)			
enzît	107.03		
gellen (1)			
ellen	25.05		
gelogen (1)			
gezogen	75.13		
gelten (1)			
selten	29.18		
gelücke (1)			
tücke	39.26		
gelüste (1)			
brüste	21.23		
gemach (2)			
sprach	69.25	81.11	
gemache (1)			
sache	93.09		
gemachen (1)			
sachen	19.19		
gemachet (1)			
wachet	93.13		
gemachte (1)			
erwachte	99.26		
gemâle (1)			
zendâle	55.20		
gemeine (1)			
unreine	31.29		
gemeit (1)			
wârheit	83.12		
gemêret (1)			
gekêret	77.04		
gemüete (1)			
blüete	107.19		
gemuot (1)			
bluot	97.33		
genant (3)			
heilant	31.21		

genas—geschræmet

lant	75.34		
vant	25.30		
genas (1)			
was	21.08		
genesen (3)			
wesen	37.20	43.04	
	49.35		
genuoc (2)			
sluoc	71.06		
truoc	75.32		
genouwen (1)			
getrouwen	81.17		
genôz (1)			
blôz	89.28		
gerant (1)			
hant	67.02		
gereit (1)			
breit	69.28		
gêren (1)			
êren	71.12		
geriete (1)			
miete	31.33		
geriten (1)			
gesniten	65.30		
gerne (1)			
Salerne	41.35		
gerochen (1)			
gebrochen	111.21		
gerouwen (1)			
getrouwen	91.17		
geruochen (1)			
versuochen	39.13		
geruochte (1)			
suochte	69.17		
gerüste (1)			
küste	47.27		
gesach (2)			
geschach	25.09		
sprach	101.13		

gesagen (3)			
tragen	51.11	93.04	
wagen	47.14		
gesaget (2)			
maget	39.01	89.04	
gesâhen (1)			
nâhen	49.27		
gesanc (1)			
tranc	57.21		
gesant (2)			
vant	73.04		
want	49.01		
gesaz (2)			
baz	25.12		
vürbaz	67.29		
geschach (9)			
gesach	25.08		
gesprach	105.06		
sach	13.11	41.06	
	53.02		
stach	67.17	79.20	
ungemach	111.10		
zerbrach	21.28		
geschæhe (1)			
sæhe	23.15		
geschant (1)			
überwant	105.24		
geschehe (2)			
gesehe	45.10		
sehe	111.31		
geschehen (4)			
jehen	37.31		
sehen	107.34		
versehen	39.19	89.07	
geschiht (2)			
niht	101.30		
siht	31.11		
geschræmet (1)			
getræmet	47.15		

geschríben—gevazzet

geschríben (1)		gesteine (1)	
belíben	13.06	eine	73.31
geschuof (1)		gesten (1)	
ruof	67.34	nôtvesten	11.23
gesehe (1)		gestillen (1)	
geschehe	45.11	willen	69.27
geselle (1)		gestuont (1)	
helle	101.03	tuont	107.32
gesetze (1)		gesundert (1)	
ergetze	111.06	hundert	51.15

getân (17)
gesige (1)	Brandân	61.15
lige 89.19	ergân	107.35
gesîn (1)	gân 73.17	79.09
schîn 15.14	81.03	97.22
gesinde (1)	gelân	21.35
erwinde 23.07	hân 15.11	39.06
geslagen (1)	39.31	41.21
sagen 65.10	47.08	49.17
geslähte (1)	91.27	
volbræhte 75.23	lân 83.16	89.10
	stân 59.16	

geslichen (1)		getræmet (1)	
erblichen	91.26	geschræmet	47.16
gesniten (2)		getreten (1)	
geriten	65.31	gebeten	95.09
vermiten	55.12	getrouwen (2)	
gespart (1)		genouwen	81.16
unbewart	83.26	gerouwen	91.18
gesprach (1)		getuot (1)	
geschach	105.07	guot	27.29
gestade (1)		gevallen (2)	
schade	49.24	allen	27.14 111.28
gestalt (1)		gevangen (1)	
galt	75.27	zergangen	71.17
gestân (1)		gevar (2)	
gân	109.23	dar	65.20
geste (1)		gar	51.05
veste	55.22	gevazzet (1)	
		hazzet	107.13

gevellet–golt   104

gevellet (1)
   erschellet   63.33
geverte (1)
   herte   85.03
geviel (1)
   kiel   49.08
gevilde (1)
   schilde   63.32
gevlêhet (1)
   vêhet   37.08
gevlizzen (1)
   unverwizzen   103.21
gevrâget (1)
   wâget   101.28
gevrâgete (1)
   betrâgete   103.08
gevromen (1)
   benomen   83.33
gevrumet (1)
   kumet   61.13
gewalt (1)
   salt   85.11
gewan (4)
   man   21.31 69.08
                101.26 105.17
gewant (1)
   zehant   81.28
gewar (1)
   dar   83.08
gewenet (1)
   senet   37.29
gewerre (1)
   verre   87.17
gewert (1)
   gegert   27.26
gewieret (1)
   volzieret   65.15

gewin (4)
   bin   89.03
   in   25.10
   în   89.25
   sin   33.12
gewinne (2)
   minne   33.15
   sinne   19.22
gewinnet (1)
   minnet   27.21
gewunden (1)
   enkunden   57.05
gezeln (1)
   eln   71.02
gezelt (1)
   velt   53.32
gezemen (1)
   nemen   69.30
gezieret (1)
   gefieret   61.06
gezogen (2)
   gelogen   75.14
   unbetrogen   27.10
gienc (1)
   bevienc   49.02
giltet (1)
   schiltet   33.05
gir (1)
   wir   63.29
gît (1)
   zît   31.31
glas (1)
   was   97.29
glaste (1)
   vaste   73.24
gluote (1)
   huote   29.13
golt (1)
   holt   103.20

gote (1)
    bote   95.17

govertiure (1)
    stiure   51.07

gras (3)
    was   55.16   67.22
            107.18

grævinne (3)
    inne   61.10
    minne   45.05   87.16

grôz (4)
    blôz   75.18
    dôz   59.34
    verdrôz   41.15
    vlôz   65.34

grôzen (1)
    anestôzen   23.12

grüezen (1)
    gebüezen   91.06

gunde (1)
    kunde   103.23

guot (12)
    getuot   27.30
    huot   55.10
    muot   33.34   89.27
    sinvluot   49.33
    tuot   25.14   33.01
        85.34   103.14
        111.14
    übermuot   19.06
    wolgemuot   27.17

guote (2)
    muote   95.02   105.02

guotes (1)
    muotes   23.30

guotlîche (1)
    entwîche   103.04

H

habe (2)
    abe   71.20
    hinabe   55.01

hân (16)
    enpfân   35.18
    ergân   93.11
    gân   111.19
    getân   15.12   39.05
        39.32   41.20
        47.07   49.16
        91.28
    missetân   91.13
    ûfstân   87.03
    undertân   109.14
    wân   17.02   43.16
    zergân   41.32

hande (1)
    schande   95.06

hant (4)
    enpfant   95.14
    gerant   67.01
    lant   17.19
    wîgant   103.15

hâr (1)
    wâr   29.17

hât (9)
    missetât   85.05   93.31
    rât   17.31   27.27
        29.31   101.04
        101.34   105.26
    stât   17.22

hâte (6)
    drâte   57.23   91.20
        103.17
    scharlâte   47.32
    spâte   35.16
    zendâte   65.22

hæte–huf

hæte (6)
    bæte   71.35
    stæte   35.03
    tæte   27.07   43.29
        109.06
    vertæte   81.32
hâten (1)
    kemenâten   73.18
hazzet (1)
    gevazzet   107.14
heil (1)
    teil   33.17
heilant (1)
    genant   31.22
heile (1)
    veile   29.27
Heinrîch (1)
    gelîch   77.08
helfenbein (1)
    schein   75.06
helle (1)
    geselle   101.02
helt (1)
    erwelt   73.20
henket (1)
    gedenket   31.08
here (3)
    mere   61.03
    nere   99.30
    widerwere   13.01
hêrre (1)
    mêrre   95.31
hêrschefte (1)
    krefte   17.03
herte (2)
    entwerte   71.23
    geverte   85.02
herze (1)
    smerze   77.17

hie (6)
    knie   57.32
    nie   45.12   91.03
    sie   63.17   97.21
        109.26
hiez (2)
    geliez   25.32
    liez   73.13
hieze (1)
    lieze   93.06
hinabe (1)
    habe   55.02
hinnen (2)
    innen   95.33
    sinnen   79.03
hinunder (1)
    wunder   101.19
hitzen (1)
    switzen   67.28
hiure (1)
    tiure   83.32
hiute (1)
    liute   75.12
holde (1)
    wolde   59.17
holt (1)
    golt   103.19
hœret (1)
    zerstœret   11.12
horn (1)
    zorn   59.30
hôrte (1)
    stôrte   59.32
houbet (1)
    erloubet   81.27
huf (1)
    ûf   59.06

hulde (1)
    schulde   91.08
hundert (1)
    gesundert   51.16
huon (1)
    tuon   57.18
huot (1)
    guot   55.09
huote (1)
    gluote   29.12

I

ich (4)
    mich   81.24   91.21
              93.16
    sich   47.02
ie (1)
    wie   37.06
in (3)
    bin   43.22
    gewin   25.11
    sin   101.24
în (2)
    gewin   89.24
    sin   53.01
inne (1)
    grævinne   61.11
innen (2)
    binnen   73.29
    hinnen   95.34
ir (1)
    verbir   37.15
Irre (1)
    virre   31.24
îsen (1)
    anebrîsen   57.35

ist (1)
    Entecrist   61.17
iu (1)
    driu   87.02

J

jæhe (1)
    sæhe   69.12
jâmerlich (1)
    sich   109.25
jâr (1)
    wâr   13.02
jâren (1)
    wâren   23.19
jehen (1)
    geschehen   37.30
juncvrouwe (2)
    trouwe   105.33
    zouwe   79.12

K

kamerære (1)
    wære   43.27
kan (3)
    man   35.01   45.15
            79.34
Kartagô (1)
    Dîdô   77.03
kelte (1)
    entwelte   71.26
kemenâte (1)
    drâte   97.26
kemenâten (1)
    hâten   73.19

kêren (1)
    êren   59.25
kêret (1)
    êret   107.02
Kerlingen (2)
    dingen   23.33   27.03
kêrte (1)
    lêrte   97.07
kiel (1)
    geviel   49.09
kint (1)
    segelwint   53.31
klaffest (1)
    affest   97.03
klage (3)
    sage   95.30
    tage   83.20
    trage   37.25
klagen (2)
    sagen   31.15
    zerslagen   85.09
kleine (6)
    eine   33.25   35.10
            65.32   79.32
    gebeine   21.12
    steine   45.17
kleit (1)
    geleit   107.16
knie (1)
    hie   57.33
kol (1)
    wol   75.30
kome (1)
    vrome   81.15
komen (5)
    benomen   101.23
    vernomen   11.01   43.18
            71.34   109.28

kraft (3)
    meisterschaft   89.16
    nôthaft   23.35
    ritterschaft   11.13
krefte (1)
    hêrschefte   17.04
krete (1)
    bete   19.27
Kriechen (2)
    siechen   11.28
    ziechen   75.19
krône (1)
    schône   57.08
kumber (1)
    tumber   37.27
kumberlîche (1)
    rîche   93.02
kûme (1)
    rûme   61.29
kumet (1)
    gevrumet   61.12
kunde (4)
    darunde   59.09
    gunde   103.24
    munde   99.23
    vunde   41.12
künde (2)
    vünde   15.09   81.19
kuste (1)
    tjuste   69.05
küste (1)
    gerüste   47.28

L

lac (6)
    enmac   99.08
    erschrac   101.06
    mac   75.15

pflac	81.34			laz (1)		
tac	17.12	19.11		saz	81.06	
læge (1)				lâze (2)		
træge	81.08			mâze	31.10	93.24
lân (4)				lâzen (2)		
begân	103.02			sâzen	83.10	
getân	83.15	89.11		strâzen	53.14	
wân	29.06			lebe (3)		
lanc (3)				gebe	85.23	105.29
gedanc	25.25			râtgebe	29.21	
ranc	99.11			leben (4)		
spranc	55.03			ergeben	97.18	
lande (6)				geben	27.01	39.11
erkande	35.24				43.23	
schande	15.28	23.22		lebene (2)		
	57.11	85.16		vergebene	17.30	109.12
wîgande	13.30			leide (2)		
langen (1)				beide	63.03	99.05
spangen	49.04			leiden (1)		
lant (8)				bescheiden	85.33	
bekant	25.16			leit (7)		
erkant	53.11			arbeit	35.11	105.15
genant	75.33			reit	63.12	
hant	17.20			schreit	97.11	
Ruolant	25.03			sicherheit	23.04	
sant	61.22			unhövescheit	85.21	
vant	11.10			wârheit	109.31	
zehant	15.17			leiten (1)		
lære (4)				beiten	59.24	
unmære	33.32			lendenier (1)		
wære	67.26	77.20		tier	59.03	
	101.15			lenge (1)		
las (2)				gedrenge	61.27	
was	13.08	95.11		lêre (1)		
laste (1)				sêre	25.19	
vaste	31.01			lêrte (1)		
lât (2)				kêrte	97.06	
ergât	87.22			lesen (1)		
missetât	33.06			wesen	11.05	

lîbe—mære   110

lîbe (3)
   wîbe   19.35   83.14
              105.19
lîden (1)
   vermîden 35.28
lîdet (1)
   mîdet   111.23
liebe (1)
   diebe   43.34
lieben (1)
   dieben   31.06
liez (1)
   hiez   73.12
lieze (1)
   hieze   93.07
lige (1)
   gesige   89.18
lîhte (1)
   bîhte   87.31
linge (1)
   ringe   67.24
lîp (4)
   wîp   19.09   33.30
             95.20   99.32
lîse (1)
   spîse   99.03
liste (2)
   vriste   29.03
   wiste   51.30
lîste (1)
   wîste   65.08
lite (2)
   mite   87.05
   site   33.08
liute (2)
   briute   53.19
   hiute   75.11
loch (1)
   noch   47.21

lôn (1)
   Salomôn   87.12
lône (1)
   schône   25.20

M

mac (6)
   lac   75.16
   slac   31.13
   tac   33.26   39.21
            43.31   79.14
machen (3)
   deckelachen 75.25
   sachen   47.04
   wachen   79.26
magedîn (2)
   sîn   83.03   85.01
magen (1)
   tragen   19.30
maget (3)
   geklaget 109.16
   gesaget   39.02   89.05
man (17)
   an   17.25
   began   19.34   27.31
   enkan   41.30
   gewan   21.30   69.09
           101.27 105.16
   kan   35.02   45.14
           79.33
   quan   19.01   21.10
           27.05   97.01
   verbran   23.26
   vernan   83.06
mære (6)
   offenbære 51.02
   Rômære   17.08
   swære   93.29
   Troiære   13.13
   wære   11.04   71.16

marnære (1)			sich	33.19	87.25	
wære	53.20			111.15		
maser (1)			wunneclich	79.01		
er	55.27		Michaêle (1)			
maspoum (1)			sêle	63.27		
troum	53.06		mîdet (1)			
mast (2)			lîdet	111.24		
enbrast	51.17		miete (2)			
zebrast	71.07		diete	69.01		
maste (1)			geriete	31.34		
vaste	49.12		mîn (3)			
mâze (2)			sîn	35.26	41.24	
lâze	31.09	93.25		83.29		
mê (9)			minne (7)			
anestê	85.31		beginne	111.30		
ê	105.01		gewinne	33.14		
òwê	91.10		grævinne	45.04	87.15	
sê	49.19	63.22	sinne	25.27	29.23	
	75.35			105.30		
snê	59.12		Minne (1)			
wê	41.27	103.28	sinne	89.15		
meinen (1)			minnet (2)			
einen	45.20		beginnet	15.16		
meisterschaft (1)			gewinnet	27.22		
kraft	89.17		mir (3)			
mere (2)			dir	85.14		
here	61.02		zir	73.08	93.21	
were	47.05		missegât (1)			
mêre (6)			rât	105.35		
êre	45.01	85.19	missetân (1)			
	103.29	109.09	hân	91.14		
sêre	67.15	79.15	missetât (4)			
mêrre (1)			hât	85.04	93.30	
hêrre	95.32		lât	33.07		
messinc (1)			rât	39.29		
dinc	49.20		misseval (1)			
mich (8)			sal	85.29		
dich	45.07		missevarn (1)			
ich	81.25	91.22	barn	91.11		
	93.17					

missewende (1)
    ende   39.10
mite (4)
    bite   31.26
    lite   87.06
    site   45.23   89.09
mohte (2)
    tohte   13.29   65.16
morgen (1)
    sorgen   107.24
mouwen (1)
    vrouwen   95.03
müezen (1)
    büezen   23.02
müge (1)
    tüge   33.28
munde (1)
    kunde   99.24
munt (1)
    zestunt   45.24
muoder (1)
    ruoder   71.09
muot (3)
    guot   33.35   89.26
    tuot   17.24
muote (2)
    guote   95.01   105.03
muoten (1)
    ruoten   53.22
muotes (1)
    guotes   23.29

N

nâch (3)
    gâch   67.05   87.19
    schâch   43.10

nagel (1)
    zagel   49.11
nâhen (2)
    gesâhen   49.26
    sâhen   105.09
naht (2)
    âmaht   101.11
    gedâht   81.31
nahte (11)
    brâhte   69.20
nahtigal (1)
    sal   109.05
nam (1)
    quam   67.31
næme (1)
    quæme   71.27
nemen (1)
    gezemen   69.31
nere (1)
    here   99.29
Nêre (1)
    sêre   19.15
Nêren (1)
    êren   17.33
nider (1)
    sider   67.12
nie (4)
    hie   45.13   91.04
    sie   71.13   79.29
nieman (1)
    quan   55.32
niemen (1)
    riemen   71.30
niet (1)
    riet   109.33
niht (1)
    geschiht   101.31

niunden—rât

niunden (1)
    vriunden   67.19
noch (2)
    doch   87.07
    loch   47.22
nôt (6)
    gebôt   29.08
    tôt   19.24   23.18
        37.19   43.14
        101.21
nôthaft (1)
    kraft   25.01
nôtvesten (1)
    gesten   11.24
nû (1)
    dû   95.15

O

offenbære (1)
    mære   51.01
orte (1)
    porte   61.05
ougen (1)
    tougen   53.04
ôwê (1)
    mê   91.09

P

palas (1)
    was   23.23
Pârîs (1)
    prîs   11.19
pflac (2)
    gelac   13.17
    lac   81.35

pflihten (1)
    rihten   65.28
porte (1)
    orte   61.04
prîs (1)
    Pârîs   11.20
prîse (1)
    wîse   27.11

Q

quam (2)
    nam   67.32
    vernam   97.15
quæme (2)
    benæme   81.21
    næme   71.28
quâmen (1)
    vernâmen   61.24
quæmen (1)
    vernæmen   57.15
quan (8)
    began   61.32
    man   19.02   21.11
        27.06   95.35
    nieman   55.31
    schifman   55.13   63.15

rame (1)
    alsame   47.26
ranc (1)
    lanc   99.12
rât (12)
    arzât   19.25   43.02
    gât   79.28

râte—ruoten

hât		17.32	27.28	ringe (1)		
		29.30	101.05	linge	67.23	
		101.35	105.27	ritterlîche (3)		
	missegât	105.34		Francrîche	53.25	
	missetât	39.30		rîche	17.18	25.07
	stât	35.33		ritterschaft (2)		
râte (1)				kraft	11.14	
	spâte	111.11		schulthaft	63.08	
râtgebe (1)				Rômære (2)		
	lebe	29.20		mære	17.07	
rehte (2)				swære	21.32	
	ähte	65.24	79.35	rotten (1)		
reichen (1)				galiotten	61.01	
	weichen	57.31		roube (1)		
reit (1)				ungeloube	39.27	
	leit	63.11		roup (1)		
rîche (9)				urloup	103.32	
	endelîche	23.05	39.17	rouwe (1)		
	gelîche	51.22	61.31	vrouwe	107.26	
	kumberlîche	93.03		rouwen (1)		
	ritterlîche	17.17	25.06	trouwen	97.17	
	sicherlîche	77.32		ructe (1)		
	tougenlîche	83.02		dructe	97.24	
rîchen (1)				rûme (1)		
	gelîchen	17.06		kûme	61.28	
ricken (1)				rûn (1)		
	stricken	59.13		Craûn	57.26	
rief (1)				ruoder (2)		
	slief	77.12		muoder	71.10	
riemen (1)				vuoder	51.14	
	niemen	71.29		ruof (1)		
riet (1)				geschuof	67.33	
	niet	109.32		Ruolant (1)		
rihten (2)				lant	25.02	
	pflihten	65.29		ruon (1)		
	tihten	111.35		vertuon	51.28	
Rîn (1)				ruoten (1)		
	sîn	49.28		muoten	53.23	

sâ (1)
    dâ   99.34
sach (8)
    dach   65.05
    geschach   13.10   41.07
        53.03
    sprach   91.02
    stach   45.19   63.02
        65.01
sache (1)
    gemache   93.08
sachen (2)
    gemachen   19.20
    machen   47.03
sage (2)
    klage   95.29
    tage   11.18
sagen (4)
    erslagen   101.01
    geslagen   65.11
    klagen   31.16
    vertragen   41.19
saget (1)
    betaget   101.33
sæhe (2)
    geschæhe   23.16
    jæhe   69.13
sâhen (1)
    nâhen   105.08
sal (2)
    misseval   85.28
    nahtigal   109.04
salben (1)
    allenthalben   41.28
Salerne (1)
    gerne   41.34
Salomôn (1)
    lôn   87.11
Salomône (1)
    schône   77.10

salt (1)
    gewalt   85.10
samît (1)
    wît   65.07
sanc (1)
    gedanc   107.21
sant (1)
    lant   61.23
saz (3)
    baz   77.22
    daz   73.10
    laz   81.07
sæze (1)
    gelæze   65.18
sâzen (1)
    lâzen   83.09
schâch (1)
    nâch   43.09
schade (1)
    gestade   49.25
schaden (1)
    geladen   85.27
schâf (1)
    slâf   83.24
schalle (2)
    alle   55.06   65.26
schande (5)
    hande   95.05
    lande   15.27   23.21
        57.10   85.17
schar (1)
    ar   67.09
scharlâte (1)
    hâte   47.31
schein (1)
    helfenbein   75.05
schîben (1)
    trîben   47.30

schiere—sicherheit 116

schiere (1)				schulthaft (1)		
viere	87.33			ritterschaft	63.07	
schifman (3)				sê (3)		
an	55.08			mê	49.18	63.21
quan	53.12	63.16			77.01	
schilde (1)				segelwint (1)		
gevilde	63.31			kint	53.30	
schiltet (1)				sehe (1)		
giltet	33.04			geschehe	111.32	
schîn (1)				sehen (1)		
gesîn	15.13			geschehen	107.33	
schinebein (1)				sêle (1)		
erschein	101.08			Michaêle	63.28	
schînen (1)				selten (1)		
sînen	65.12			gelten	29.19	
schirmære (1)				semede (1)		
swære	35.35			vremede	77.24	
schiure (1)				senet (1)		
viure	57.06			gewenet	37.28	
scholt (1)				sêre (8)		
solt	15.34			êre	13.18	15.21
schône (3)					93.23	105.04
krône	57.09			lêre	25.18	
lône	25.21			mêre	67.16	79.16
Salomône	77.11			Nêre	19.16	
schouwe (1)				sî (7)		
vrouwe	43.12			bî	27.33	31.28
schouwen (2)					63.19	73.32
vrouwen	11.15	53.28			99.27	
schôz (1)				vrî	41.23	87.27
verdrôz	81.12			sich (9)		
schreit (1)				allertegelich	15.25	
leit	97.10			esterich	77.26	99.21
schrîten (1)				gelich	57.24	
wîten	45.35			ich	47.01	
schulde (1)				jâmerlich	109.24	
hulde	91.07			mich	33.18	87.26
					111.16	
				sicherheit (1)		
				leit	23.03	

sicherlîche (1)				sinne (5)		
	rîche	77.33			gewinne	19.21
sîden (1)					minne	25.26 29.22
	vermîden	49.23				105.31
sider (1)					Minne	89.14
	nider	67.11		sinnen (1)		
sîdîn (1)					hinnen	79.04
	sîn	77.07		sinvluot (1)		
sie (5)					guot	49.32
	hie	63.18 97.20		sît (4)		
		109.27			zît	73.06 89.12
	nie	71.14 79.30				93.14 103.25
siechen (1)				site (3)		
	Kriechen	11.27			lite	33.09
sihe (1)					mite	45.22 89.08
	vihe	17.28		sîten (1)		
siht (1)					zîten	69.10
	geschiht	31.12		slac (1)		
silberwîz (1)					mac	31.14
	vlîz	49.07		slâf (1)		
siln (1)					schâf	83.23
	diln	51.33		slief (1)		
sin (5)					rief	77.13
	bin	37.02 43.07		sliefe (1)		
	gewin	33.13			tiefe	97.09
	in	101.25		sluoc (1)		
	în	51.35			genuoc	71.05
sîn (8)				smerze (1)		
	dîn	45.03			herze	77.16
	magedîn	83.04 83.35		snê (1)		
	mîn	35.25 41.25			mê	59.11
		83.30		snel (1)		
	Rîn	49.29			wamsel	65.03
	sîdîn	77.06		snüeren (1)		
sînen (1)					vüeren	55.13
	schînen	65.13		sô (3)		
sînes (1)					unvrô	41.17 93.19
	wînes	55.26			vrô	111.03

solde–strecken 118

solde (2)
    wolde   79.05   95.07
solden (1)
    wolden   51.32
solt (1)
    scholt   15.33
sorgen (1)
    morgen   107.23
spalten (1)
    valten   113.03
spangen (2)
    empfangen   55.24
    langen   49.05
spâte (2)
    hâte   35.15
    râte   111.12
spiegelglas (1)
    was   73.26
spîse (1)
    lîse   99.04
sporn (1)
    zorn   67.08
sprach (5)
    gemach   69.24   81.10
    gesach   101.12
    sach   91.01
    ungemach   21.04
spranc (1)
    lanc   55.04
stach (5)
    geschach   67.18   79.19
    sach   45.18   63.01
        63.35
stân (2)
    gân   47.24
    getân   59.15
starc (1)
    verbarc   59.20

stat (2)
    bat   23.10   45.08
stât (3)
    gât   95.24
    hât   17.21
    rât   35.34
stæte (2)
    hæte   35.04
    tæte   29.05
stætekeit (2)
    arbeit   27.23
    bereit   25.34
stê (1)
    gê   89.20
stecken (1)
    strecken   51.24
steine (1)
    kleine   45.16
stellet (1)
    vellet   87.24
stichen (1)
    entwichen   69.22
stimme (1)
    brimme   107.10
stiure (2)
    govertiure   51.08
    tiure   71.22
stollen (1)
    gedrollen   73.35
stôrte (1)
    hôrte   59.31
strâze (1)
    unmâze   23.14
strâzen (1)
    lâzen   53.15
streben (1)
    ûfgeben   35.30
strecken (1)
    stecken   51.23

stricken (1)
  ricken 59.14

strît (2)
  zît 43.06 105.22

strîten (2)
  zîten 13.32 111.17

stunde (4)
  begunde 21.03 35.08
  79.24 107.06

stunden (1)
  wunden 15.01

stunt (1)
  Bêamunt 25.29

stuont (1)
  tuont 27.16

stürbe (1)
  verdürbe 63.25

sünde (2)
  überwünde 83.18
  ünde 111.02

sunderlingen (1)
  dingen 77.30

suochte (1)
  geruochte 69.16

suontage (1)
  verzage 61.18

swære (8)
  mære 93.28
  Rômære 21.33
  schirmære 37.01
  verbære 33.11
  wære 19.32 59.02
  95.25 109.20

switzen (1)
  hitzen 67.27

T

tabûren (1)
  burcmûren 59.27

tac (8)
  gelac 15.06 69.19
  lac 17.11 19.12
  mac 33.27 39.22
  43.32 79.13

tage (4)
  klage 83.19
  sage 11.17
  trage 111.07
  zage 13.35

tal (1)
  zal 21.25

tæte (6)
  hæte 27.08 43.30
  109.07
  stæte 29.04
  unstæte 87.29 91.32

teil (1)
  heil 33.16

tete (1)
  bete 93.32

tiefe (1)
  sliefe 97.08

tier (1)
  lendenier 59.04

tihten (1)
  rihten 113.01

tiure (2)
  hiure 83.31
  stiure 71.21

tjuste (1)
  kuste 69.04

tohte (2)
  mohte 13.28 65.17

tôt—ûfgeben

tôt (6)				trûren (1)		
nôt	19.23	23.17		burcmûren	107.28	
	37.18	43.13		tücke (1)		
	101.20			gelücke	39.25	
verbôt	91.29			tüge (1)		
tougen (1)				müge	33.29	
ougen	53.05			tumber (1)		
tougenlîche (1)				kumber	37.26	
rîche	83.01			tuon (1)		
trage (2)				huon	57.19	
klage	37.24			tuont (2)		
tage	111.08			gestuont	107.31	
træge (1)				stuont	27.15	
læge	81.09			tuot (6)		
tragen (3)				guot	25.15	31.35
gesagen	51.12	93.05			85.35	103.13
magen	19.29				111.13	
tranc (2)				muot	17.23	
gesanc	57.20			türe (1)		
twanc	55.30			vüre	59.22	
treit (1)				turnei (1)		
geleit	75.04			zwei	67.03	
trîben (1)				twanc (1)		
schîben	47.29			tranc	55.29	
Troiære (1)				twingen (1)		
mære	13.12			dingen	89.31	
Trôilus (1)						
Deiphobus	11.21					
trôst (2)				**U**		
erlôst	39.15	85.06		übermuot (1)		
troum (1)				guot	19.05	
maspoum	53.07			überwant (1)		
trouwe (1)				geschant	105.25	
juncvrouwe	105.32			überwünde (1)		
trouwen (2)				sünde	83.17	
rouwen	97.16			ûf (1)		
vrouwen	109.35			huf	59.05	
truoc (1)				ûfgeben (1)		
genuoc	75.31			streben	35.29	

ûfstân (1)			
hân	87.04		
umbevienc (1)			
zergienc	45.29		
unbetrogen (1)			
gezogen	27.09		
unbewant (1)			
bekant	91.33		
unbewart (1)			
gespart	83.25		
ünde (1)			
sünde	111.01		
undertân (1)			
hân	109.15		
unerwert (1)			
widervert	27.19		
ungeloube (1)			
roube	39.28		
ungemach (2)			
geschach	111.09		
sprach	21.05		
unheil (1)			
geil	79.17		
unhövescheit (1)			
leit	85.20		
unmære (1)			
lære	33.33		
unmâze (1)			
strâze	23.13		
unreine (1)			
gemeine	31.30		
unstæte (2)			
tæte	87.30	91.31	
unverwizzen (1)			
gevlizzen	103.22		
unvrô (3)			
dô	63.09		
sô	41.16	93.18	
urbor (1)			
Ector	13.15		
urloup (1)			
roup	103.31		

V

valten (1)			
spalten	113.02		
vane (1)			
ane	53.08		
vant (3)			
genant	25.31		
gesant	73.05		
lant	11.09		
var (1)			
gar	41.10		
vare (1)			
beware	89.23		
varn (4)			
arn	23.28	43.20	
	45.27	111.34	
vart (3)			
wart	51.04	63.14	
	79.22		
varwe (1)			
garwe	105.10		
vaste (3)			
glaste	73.25		
laste	31.02		
maste	49.13		
vêhet (1)			
gevlêhet	37.09		
veilc (1)			
heile	29.26		
vellet (1)			
stellet	87.23		

velt—vertete

velt (2)				vermîden (2)			
	gezelt	53.33			lîden	35.27	
	widergelt	11.26			sîden	49.22	
verbarc (1)				vermiten (2)			
	starc	59.19			erliten	41.01	
verbære (1)					gesniten	55.11	
	swære	33.10		vernam (1)			
verbir (1)					quam	97.14	
	ir	37.14		vernâmen (1)			
verbôt (1)					quâmen	61.25	
	tôt	91.30		vernæmen (1)			
verbran (1)					quæmen	57.14	
	man	23.25		vernan (1)			
verdirbe (1)					man	83.05	
	wirbe	37.16		vernomen (4)			
verdrôz (3)					komen	11.02	43.17
	blôz	15.20				71.33	109.29
	grôz	41.14		verre (1)			
	schôz	81.13			gewerre	87.18	
verdürbe (1)				versehen (2)			
	stürbe	63.26			geschehen	39.20	89.06
verendet (1)				verslîzen (1)			
	wendet	29.24			wîzen	109.11	
vergebene (2)				versneit (1)			
	lebene	17.29	109.13		gekleit	51.09	
verhert (1)				versunnen (1)			
	vert	31.17			begunnen	17.09	
verhouwen (1)				versuochen (1)			
	vrouwen	99.18			geruochen	39.14	
verkouft (1)				verswant (1)			
	brûtlouft	87.35			gebrant	57.03	
verlorn (5)				vert (1)			
	geborn	35.13	85.13		verhert	31.18	
		105.20		vertæte (1)			
	zorn	91.16	95.22		hæte	81.33	
verlurn (1)				vertete (1)			
	erkurn	15.04			bete	69.03	

vertragen (1)				volbrâhte (1)		
sagen	41.18			erdâhte	19.04	
vertreip (1)				volbræhte (1)		
beleip	17.13			geslähte	75.24	
vertuon (1)				volzieret (1)		
ruon	51.27			gewieret	65.14	
verzage (1)				vor (1)		
suontage	61.19			enbor	57.01	
veste (1)				vorhte (2)		
geste	55.21			worhte	13.24	41.09
vienc (1)				vorne (1)		
begienc	21.26			zorne	13.23	
viere (1)				vreise (1)		
schiere	87.34			weise	23.31	
vihe (1)				vremede (1)		
sihe	17.27			semede	77.25	
vil (4)				vrî (2)		
wil	31.03	43.26		sî	41.22	87.28
	97.31			vriste (1)		
zil	53.26			liste	29.02	
virre (1)				vriunden (1)		
Irre	31.23			niunden	67.20	
viure (1)				vrô (4)		
schiure	57.07			alsô	81.23	
vliehe (1)				dô	35.20	57.16
ziehe	29.33			sô	111.04	
vliezen (1)				vrome (1)		
beschiezen	47.18			kome	81.14	
vlins (1)				vrouwe (2)		
zins	39.23			rouwe	107.25	
vlîz (1)				schouwe	43.11	
silberwîz	49.06			vrouwen (6)		
vloz (1)				drouwen	37.10	
grôz	65.35			mouwen	95.04	
vogelsange (1)				schouwen	11.16	53.29
wange	109.02			trouwen	109.34	
vol (1)				verhouwen	99.17	
wol	61.08			vruo (1)		
				zuo	97.04	

vüeren (1)
   snüeren   55.14
Vulcânus (1)
   alsus   75.07
vunde (1)
   kunde   41.13
vünde (2)
   künde   15.10   81.18
vuoder (1)
   ruoder   51.13
vürbaz (3)
   daz   13.05   99.13
   gesaz   67.30
vüre (1)
   türe   59.21

W

wachen (1)
   machen   79.25
wachet (1)
   gemachet   93.12
wagen (1)
   gesagen   47.13
wâget (1)
   gevrâget   101.29
walde (1)
   balde   107.08
wamsel (1)
   snel   65.02
wân (3)
   hân   17.01   43.15
   lân   29.07
wâne (1)
   âne   89.34
wange (1)
   vogelsange   109.03

want (2)
   gesant   47.33
   zehant   47.19
war (2)
   dar   41.05   73.03
wâr (2)
   hâr   29.16
   jâr   13.03
wære (14)
   enbære   81.05
   gebære   19.14   21.17
   kamerære   43.28
   lære   67.25   77.21
         101.14
   mære   11.03   71.15
   marnære   53.21
   swære   19.31   59.01
         95.26   109.21
wâren (1)
   jâren   23.20
wârheit (2)
   gemeit   83.11
   leit   109.30
wart (4)
   geharmschart   37.05
   vart   51.03   63.13
        79.21
warten (1)
   boumgarten   73.14
was (11)
   adamas   95.28
   Ênêas   13.21
   genas   21.09
   glas   97.28
   gras   55.15   67.21
       107.17
   las   13.09   95.12
   palas   23.24
   spiegelglas   73.27
waz (1)
   daz   103.12

wê (2)				widervarn (1)		
mê	41.26	103.27		bewarn	33.20	
weichen (1)				widervert (1)		
reichen	57.30			unerwert	27.20	
weinde (1)				widerwere (1)		
bescheinde	63.05			here	11.29	
weise (1)				wie (1)		
vreise	23.32			ie	37.07	
weiz (1)				wîgande (1)		
geheiz	37.13			lande	13.31	
wende (1)				wîgant (1)		
ende	73.22			hant	103.16	
wendet (1)				wil (3)		
verendet	29.25			vil	31.04	43.25
werc (1)					97.30	
berc	61.20			willen (1)		
werden (1)				gestillen	69.26	
erden	79.07			wînes (1)		
were (1)				sînes	55.25	
mere	47.06			wîp (4)		
werte (1)				lîp	19.10	33.31
ernerte	21.07				95.19	99.31
wesen (4)				wir (1)		
genesen	37.21	43.03		gir	63.30	
	49.34			wirbe (1)		
lesen	11.06			verdirbe	37.17	
wîbe (3)				wîse (1)		
lîbe	21.01	83.13		prîse	27.12	
	105.18			wîselôs (1)		
wîben (2)				erkôs	89.32	
belîben	33.23	37.22		wîsheit (1)		
widergelt (1)				bereit	47.10	
velt	11.25			wiste (1)		
widerstrît (1)				liste	51.29	
zît	107.12			wîste (1)		
widervare (1)				lîste	65.09	
beware	29.14			wît (2)		
				samît	65.06	
				zît	21.14	

wîte (1)
    zîte   53.17
wîten (1)
    schrîten   45.34
wîzen (1)
    verslîzen   109.10
wol (3)
    dol   105.13
    kol   75.29
    vol   61.09
wolde (3)
    holde   59.18
    solde   79.06   95.08
wolden (1)
    solden   51.31
wolgemuot (1)
    guot   27.18
worhte (2)
    vorhte   13.25   41.08
wunden (1)
    stunden   15.02
wunder (3)
    albesunder   63.23
    besunder   15.08
    hinunder   101.18
wunneclich (1)
    mich   79.02

Z

zage (1)
    tage   13.34
zagel (1)
    nagel   49.10
zal (1)
    tal   21.24
zam (1)
    gehôrsam   29.01

zebrast (1)
    mast   71.08
zehant (5)
    bant   49.15   51.19
    gewant   81.29
    lant   15.18
    want   47.20
zendâle (1)
    gemâle   55.19
zendâte (1)
    hâte   65.23
zerbrach (1)
    geschach   21.29
zerbrochen (1)
    durchstochen 99.16
zergân (1)
    hân   41.33
zergangen (1)
    gevangen   71.18
zergienc (1)
    umbevienc   45.28
zerslagen (1)
    klagen   85.08
zerstœret (1)
    hœret   11.11
zesnîden (1)
    erlîden   21.21
zestunt (1)
    munt   45.25
ziechen (1)
    Kriechen   75.20
ziehe (1)
    vliehe   29.32
zil (1)
    vil   53.27
zins (1)
    vlins   39.24

zir (2)
    mir   73.09   93.20

zît (9)
    gît   31.32
    sît   73.07   89.13
        93.15   103.26
    strît   43.05   105.23
    widerstrît   107.11
    wît   21.15

zîte (1)
    wîte   53.16

zîten (4)
    bîten   35.06
    sîten   69.11
    strîten   13.33   111.18

zorn (4)
    horn   59.29
    sporn   67.07
    verlorn   91.15   95.21

zorne (2)
    geborne   99.02
    vorne   13.22

zouwe (1)
    juncvrouwe   79.11

zuo (1)
    vruo   97.05

zwei (1)
    turnei   76.04

zwîvalt (1)
    balt   33.02

Amsterdamer Publikationen zur Sprache und Literatur. Herausgegeben von Cola Minis.

1. **Ute Schwab** Die Sternrune im Wessobrunner Gebet. Beobachtungen zur Lokalisierung des clm 22053, zur Hs. BM Arundel 393 und zu Rune Poem V. 86-89. Amsterdam 1973. 4to. 141 S. Mit 55 Abbildungen und Tafeln. Hfl. 95.—

   Die vielseitig orientierten kritischen Studien werfen ein neues Licht auf die Natur und Herkunft des meist als Runen-'Ligatur' verstandenen Silbenkürzels im bairischen Text der Wessobrunner Gebetshandschrift clm 22053. Die Provenienz des Sternzeichens aus der Flüchtigkeitsschrift zeigt die Verwendung in den bairischen Glossen der Londoner Hs. Arundel 393, welchen hier zum ersten Mal auch inhaltliche und genetische Beachtung geschenkt wird.

2. **Dieter Hensing:** Zur Gestaltung der Wiener Genesis. Mit Hinweisen auf Otfrid und die frühe Sequenz. Amsterdam 1972. 249 S. 3 Abbildungen. Hfl. 65.—

   Die Gestaltung der frühmittelhochdeutschen Genesis wird in dreifacher Hinsicht untersucht: inhaltlich, erzähltechnisch und zahlenkompositorisch. Stärker als bisher wird dabei auf die Verschränkung und gegenseitige Ergänzung der verschiedenen Gestaltungsmerkmale geachtet.

3. **Alfred Bergmann:** Grabbe Bibliographie. Amsterdam 1973. XIX,512 S. Hfl. 120.—

   Der Stoff ist auf zehn Abteilungen verteilt: 1. Grabbe-Forschung. 2. Grabbe-Editionen. 3. Gesamtdarstellungen von Leben und Werk. 4. Biographische Einzelheiten. 5. Allgemeine Charakteristiken, Beurteilungen und Würdigungen. 6. Grabbes Persönlichkeit. 7. Grabbes Lebensbeziehungen. 8. Weltgefühl und Weltanschauung. 9. Grabbes dichterisches Schaffen. 10. Die Wirkungsgeschichte.

4. **Walter A. Berendsohn:** August Strindberg. Der Mensch und seine Umwelt − Das Werk − Der schöpferische Künstler. Amsterdam 1974. XVIII,473 S. Mit Tafeln. Hfl. 70.—

   Der Autor bemüht sich in diesem klar und verständlich geschriebenen Buch, die schwedische Materialfülle zu nutzen, aber die künstlerische Leistung zur Hauptsache zu machen, um so eine Synthese der schwedischen und deutschen Strindbergforschung zu vollziehen und das Strindbergbild der Wahrheit näher zu bringen.

5. **Tette Hofstra:** Ortsnamen auf -elte in der niederländischen Provinz Drente. Amsterdam 1973. 132 S. Mit Karten und Abbildungen. Hfl. 30.—

   Die vorliegende Arbeit ist einerseits ein Verzeichnis älterer Belege (gewöhnlich bis etwa 1600, z. T. aber bis ins 20. Jahrhundert), andererseits auch eine Übersicht über die zu den einzelnen Namen gemachten Deutungsvorschläge.

6. **Th. van de Voort**: Het dialekt van de gemeente Meerlo-Wanssum. Woordenboek met inleiding. Amsterdam 1973. 341 pp. Met vele afbeeldingen. Linnen. Hfl. 39,75

Die Mundart dieser Gegend ist durch die Jahre hin fast unangetastet geblieben. Erst die beiden Weltkriege und die darauf folgende Erschliessung durch den Bau besserer Wege haben der Abgelegenheit dieses Gebiets ein Ende gemacht.

7. **Solveig Olsen**: Christian Heinrich Postels (1658–1705) Beitrag zur deutschen Literatur. Versuch einer Darstellung. Amsterdam 1973. 344 S. Mit Tafeln. Hfl. 50.—

Dieses Buch ist der erste Versuch, Eigenart und Verdienst Postels auf Grund des gesamten Schaffens unvoreingenommen zu beurteilen. Dabei wurden alle zugängliche Quellen, Drucke und Besprechungen Berücksichtigt.

8-9. **Robert Ralph Anderson & James C. Thomas**: *Index Verborum zum Ackermann aus Böhmen.* Ein alphabetisch angeordnetes Wortregister zu Textgestaltungen des *Ackermann aus Böhmen* von Kniescheck bis Jungbluth. Amsterdam 1973-1974. 530, 459 S.

Hfl. 190.—

Die verzeichneten Wörter und Wortformen sind, unter Berücksichtigung der jeweils in den Texten vorkommenden Orthographie, streng alphabetisch angeordnet. Aufgenommen sind die Ausgaben von Knieschek (1877), Bernt-Burdach (1917), Bernt (1929), Hübner (1937), Gierach (1943), Spalding (1950), Hammerich-Jungbluth (1951), Walshe (1951), Krogmann (1953) und Jungbluth (1969).

10. **William C. McDonald & Ulrich Goebel**: German Medieval Literary Patronage from Charlemagne to Maximilian I: A Critical Commentary with Special Emphasis on Imperial Promotion of Literature. Amsterdam 1973. IV, 206 pp. Hfl. 40.—

After sorting through the maze of material, Mr. McDonald and Mr. Goebel concluded that, although certain trends are in evidence, by in large previous investigations were found to be substantially correct, namely in noting that emperors largely sponsored literature for utilitarian ends and that *belles lettres* flowered in courts other than imperial.

11. **Brian O. Murdoch**: The Recapitulated Fall. A Comparative Study in Mediaeval Literature. Amsterdam 1974. 207 pp. Hfl. 35.—

The *Recapitulaed Fall* is an examination of the literary working-out of the theological juxtaposing of the Fall of Man and the temptation of Christ in the desert – a parallel that is of the greatest importance to the medieval theory of typology. After a survey of the use of the motif in Greek, Latin and vernacular theological writings, the author attempts an analysis of the literary manifestations. First, poems from the 8th to the 17th century in Irish, German, French, English and Icelandic are analysed, and here Milton's *Paradise Regained* appears as the crowning point of tradition that is widespread throughout the Middle Ages. Further chapters examine the typological parallel in the drama (in the French, German and English mystery-cycles, in John Bale and Gil Vicente) and in iconography (for example in the *Biblia Pauperum and in the Biblis Moralisees.*

12. **Arend Quak**: Studien zu den altmittel- und altniederfränkischen Psalmen und Glossen. Amsterdam 1973. 196 S. Hfl. 40.—

    Die Studien beschäftigen sich mit der Überlieferung der altmittel- und altniederfränkischen Psalmen und Glossen und derer Verhältnis zur lateinischen Vorlage. Zwei vernachlässigte Fragmente (Lipsius' Brief an Henricus Schottius und das Fragment der Provinciale Bibliotheek in Leeuwarden) werden diplomatisch herausgegeben und kommentiert.

13. **Hansjurgen Blinn**: Die altdeutsche Exodus. Strukturuntersuchungen zur Zahlenkomposition und Zahlensymbolik. Amsterdam 1974. 351 S. Hfl. 60.—

    Diese Abhandlung befasst sich mit dem formalen Aufbau der 'Altdeutschen Exodus', die uns in zwei Handschriften des 12. Jahrhunderts überliefert ist. Die Untersuchung des Textes auf zahlensymbolische und zahlenästhetische Erscheinungen ergibt eine eklatante Bevorzugung der Zahlen 8, 34 und 46, ihrer Vielfachen und Derivata als Aufbauzahlen.

14. **Ullrich Meisser**: Die Sprichwörtersammlung Sebastian Francks von 1541. Amsterdam 1974. 536 S. Hfl. 80.—

    Inhalt:
    A. Einleitung. Sebastian Franck — Der Mann und sein Werk.
    B. Hauptteil Textdarstellung und Textinterpretation. I. Sprichwörter nach Tappes Epitome aus den Adagia des Erasmus. II. Sentenzen und Sprichwörter nach Vives, den Proverbia Senecae, Murmellius und Bebel. III. Apologe nach Cyrill und Aesop. IV. Sprichwörter nach Agricola, den Disticha Catonis und den Dicta Graecia Sapientium. V. Der "Annder Theyl der Sprichwörter" Sebastian Francks. VI. Sprichwörter nach der Sammlung des Antonius Tunicius.
    C. Hauptteil Werkinterpretation. Die Sprichwörtersammlung als Zeugnis von Francks religiöser Grundstimmung.
    D. Hauptteil geistesgeschichtlicher Einordnung. Francks Sprichwörtersammlung in ihrem Verhältnis zu denen seiner Vorläufer und Zeitgenossen.
    E. Schluss. Zur Ortsbestimmung des Sprichworts in der ersten Hälfte des 16. Jahrhunderts. Anmerkungen.

15. **Peter N. Richardson**: German-Romance Contact: Name-Giving in Walser Settlements. Amsterdam 1974. XI, 372 pp. With 3 maps. Hfl. 60.—

    This study concerns the phenomenon of cultural contact, or the mutual influence of two neighboring cultures. The investigation treats one contact situation from both synchronic and diachronic perspectives: Each stage of the cultural symbiosis is examined by itself, and the historical development of the whole is seen in a comparison of these various stages. The two groups in question are, roughly stated, the German-speaking and Romansh-speaking populations of the Swiss canton of Graubünden.

EDITIONS RODOPI NV

KEIZERSGRACHT 302-304

AMSTERDAM — THE NETHERLANDS